KØBENHAVN
bag facaderne

PETER OLESEN
KØBENHAVN
bag facaderne

Fotograferet af Jens Frederiksen

BORGEN

København bag facaderne
© Peter Olesen 1989
Omslagslayout og grafisk tilrettelægning: Dennis Støvring
Repro: Carlsen Reproduktion A/S
Trykt hos Kerteminde Tryk, Odense 1989
Papir: 170 g Macoprint Mat fra Havreholm
Indbinding: J.P. Damm & Søn ApS
Udgivet af Borgens Forlag, Valbygaardsvej 33,
DK-2500 Copenhagen Valby
ISBN 87-418-8842-1

1. udgave, 3. oplag 1990

Mange tak til sponsorerne.
Udgivelsen af denne bog er kun muliggjort
gennem velvillig støtte fra:

PLANSTYRELSEN
DET ØSTASIATISKE KOMPAGNI
DANMARKS REDERIFORENING
KØBENHAVNS ALMINDELIGE BOLIGSELSKABS ALMENNYTTIGE LEGAT
HANDELSBANKENS FOND
DANMARKS APOTEKERFORENING
CARLSBERGS MINDELEGAT FOR BRYGGER J.C. JACOBSEN
HØJESTERETSSAGFØRER C.L. DAVIDS LEGAT FOR SLÆGT OG VENNER
STATENS KUNSTFOND
FARVELABORATORIET
A. JESPERSEN & SØN A/S
STATOIL FOND
LK-NES FONDET
NYKREDITS FOND
J.C. HEMPELS LEGATFOND
MARGOT OG THORVALD DREYERS FOND
BYGNINGSBEVARINGSFONDEN AF 1975
KNUD HØJGAARDS FOND
KONSUL GEORGE JORCK OG HUSTRU EMMA JORCKS FOND
DANMARKS NATIONALBANKS JUBILÆUMSFOND AF 1968
UDENRIGSMINISTERIET
DANSK SAMVIRKE
F.L. SMIDTH OG CO.

Fotografierne
side 1: Det Bernstorffske Palæ, Baltica, Bredgade (side 78)
side 2: Københavns Rådhus – kontorfløjen (side 94)
side 3: Danmarks Rederiforening, Amaliegade – elevator (side 82)

TAK

En særlig tak til arkitekt og fotograf Jens Frederiksen for det meget fine og følsomme arbejde med kameraet.

En varm tak til Morten Frimer for inspirerende hjælp omkring udvælgelsen af de 100 steder i København.

Tak til de hårdt arbejdende manuskriptlæsere Bonnie Mürsch, Anette Hvidkjær, Kamma Olesen, Finn Øvall, Per Musenfryd og Jan Arup.

Og tak til mange andre gode hjælpere. Overalt hvor vi er kommet, har hjælpsomheden været stor. Alligevel en speciel tak til Dennis Støvring, Ole Morten Nygård, Jarl Borgen, Kristian Jacobsen, Louise Skak Nielsen, Peter Eriksen, Ole Andreasen, Bent Karlskov, Flemming Johansen, Ulla Kjær, Jess Myrthu, Bjørn Westerbeck Dahl, Alex Dynvad, Flemming Andersen, Marianne Saabye, Christoffer Storm, Helge Sommer, Sigrid Pedersen, Kirsten Brandt, Mogens Bencard, Kristian Isager, Constance Resting, Michael Gelting, Ruth Jeppesen, Pia Grüner, Ole Vig Jensen, Erik Farsø Madsen, Arne Melchior, Jørgen Hansen, Jens Rørbech, Otto Käszner og Bjarne Jørnæs.

Handelshøjskolen, Frederiksberg (side 70).

INDHOLD

Kort 8

Forord 11

Butikker 20
Restauranter 41
Trapper og foyerrum 49
Sale og rum 71
Biblioteker 89
Museer 96

Teatre 105
Stationsbygninger 108
Svømmehaller 111
Væksthuse 114
Toiletter 117

En sørgelig historie 120

Efterskrift 123

Snohrs Kaffe, Vesterbrogade (side 20).

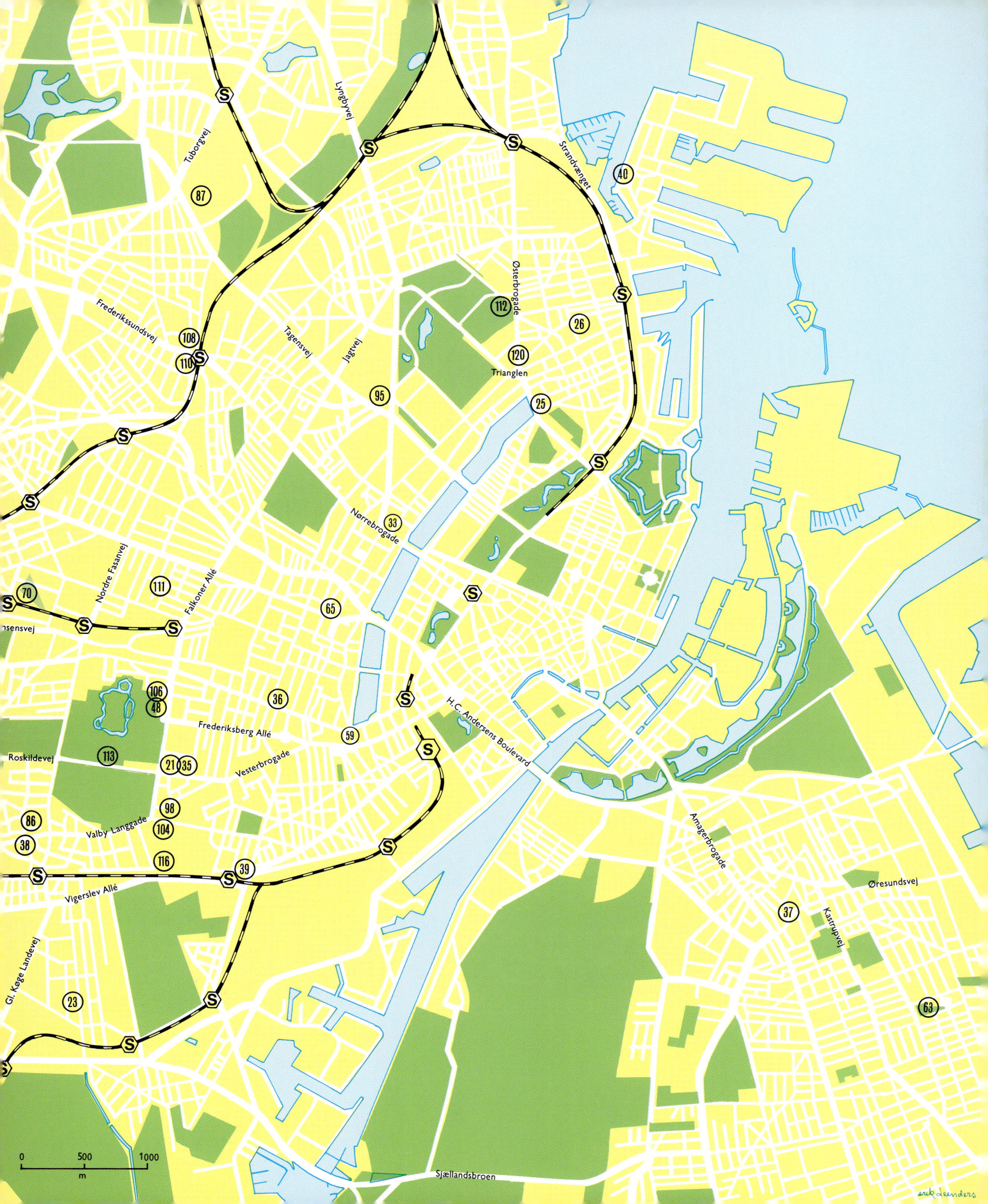

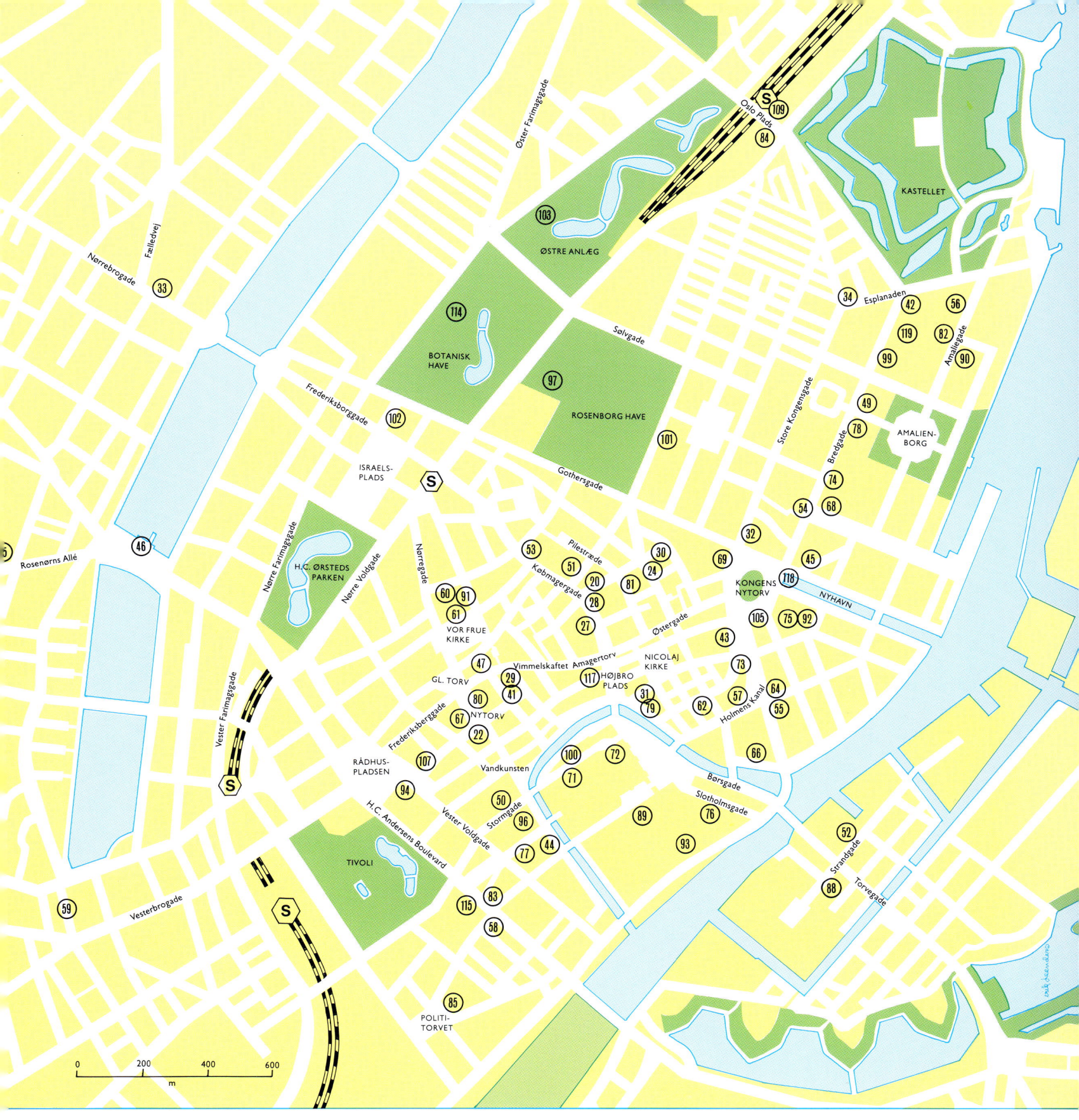

Tallene på kortene henviser til sidetal.

Dehns Palæ, Bredgade, Danmarks Apotekerforening. Den store Sal (side 49).

FORORD

København – er dejlig, men vi skal passe på den

Man kan bo i København i mange år og aldrig lære byen at kende. Man kan gå på opdagelse og aldrig blive færdig. Der er altid nye muligheder.

De fleste af os færdes ofte de samme steder år ud og år ind og kan stadig blive overrasket over detaljer, som vi før helt har overset. Mange gange styrter vi af sted og ser ingenting. Andre gange tager vi den lidt mere med ro. Men kun de færreste gange giver vi os tilstrækkelig tid til også at stoppe op, hvor vi ikke har gjort holdt før, og gå ind.

For netop at gå *ind* – indenfor – er også at lære sin by at kende. Et er gadebilledet, de store linjer, de gode som de dårlige. Noget andet er at gå indenfor, bagom. Vi kender det at gå ind i en baggård, ind i en port, vi aldrig har været i før og pludselig opleve stedet helt anderledes, end vi kendte det før, kun fra facaden i forbifarten.

Vi kender også det at gå ind i en forretning, vi kun har set udefra. Pludselig at opfatte stemningen og duftene indefra. Måske viser det sig at være meget anderledes, end vi troede.

Så derfor: gå indenfor, hvor det kan lade sig gøre, selvfølgelig.

For begynder man først på også at ville lære sin by bedre at kende indefra, ja, så tør jeg garantere, at der venter en lang række interessante oplevelser.

Jeg synes egentlig, at jeg kender min by temmelig godt, og at jeg er tilpas nysgerrig og fræk nok til at gå ind, hvor jeg får lyst.

Men da jeg for et års tid siden besluttede mig for at ville udvælge de 100 rum i København, jeg fandt mest værdige til at optræde i denne sammenhæng, først da opdagede jeg, hvor dårligt jeg alligevel kendte byen. Eller sagt på en anden måde: hvor meget mere jeg alligevel havde til gode. Og det var jo ikke så dårligt endda.

Der ødelægges for meget

Mit udgangspunkt for at udvælge netop 100 af de mest interessante rum i København var irritation. Irritation over ustandselig at se rum, der blev ødelagt og moderniseret til ukendelighed. Til ingen verdens nytte. Uden respekt for det hus, rummet ligger i, for stedets historie og for sammenhængen med omgivelserne.

Et af mine lokale pengeinstitutter holder til i et udmærket hus fra umiddelbart før århundredskiftet. Banklokalet havde fine træpaneler fra tiden og var smukt. Men sandelig om ikke det hele skulle flås ned og moderniseres sidste år, så kunden nu går ind i det gamle hus og indendørs kunne forledes til at tro at være havnet i et nybyggeri fra 1989.

Hvorfor skal mange pengeinstitutter

Riddersalen, Allégade (side 106). Toilettet bag scenen blev mellem 1926 og 1933 udsmykket af Storm P. »Rosen blusser« hedder væggen, og vi ser bl.a. Storm P. selv og de kendte figurer Peter og Ping.

moderniseres, så sammenhængen til huset helt forsvinder? Hvorfor skulle det være så slemt, om de gamle diske og andet af det oprindelige inventar, søjler f.eks., hvis der har været sådan nogle, fik lov at stå? Hvorfor skal der for enhver pris lægges afstand til det oprindelige og strømlines og moderniseres, så man ikke ved, hvor man befinder sig i tid og sted? For når det handler om sted, så *skal* en bankfilial i Hirtshals jo absolut ligne en i Køge eller Slagelse. Alt personligt, alt med særpræg, skal åbenbart totalt bortraseres.

Eller er det bare smid-ud-mentaliteten, vi oplever. Når det er penge, så skal det være nyt og dyrt. Alt andet duer åbenbart ikke. En trist forarmelseskultur.

Jeg forstår det ikke. Jeg kan ikke få ind i mit hoved, at det skulle være så påtrængende at skynde sig at få slettet alle historiske spor, også selv om de kun er 30-40-50 år gamle – bare for at få det hele til at se ens ud. Inde som ude. For facaderne de fleste steder har jo fået samme tur.

Selvfølgelig skal der være til at arbejde, komfortabelt og praktisk. Ingen tvivl om det, men det behøver vel ikke betyde total sterilisering.

Tag til London f.eks. Tag til Paris eller for den sags skyld til New York eller andre interessante storbyer. Ofte vil man her se den stik modsatte ånd råde: at der værnes om det gamle. Specielt i London. Her er der prestige i at bevare de gamle banklokaler, som de altid har set ud.

Her er de dyre træsorter, som diskene og måske søjlerne er lavet af, bevaret. Her er alle de blanke metaldele polerede. Her pusles og værnes om de mindste detaljer. Ikke kun fordi englænderne er bedre til at bevare, som det konservative folkefærd de er; men fordi de trods alt har respekt for godt håndværk, for god æstetik og for den mulighed det er at komme ind i et rum spækket med oplevelser, frem for at tro at alt nyt skulle være mere tillokkende og være en større lise for sjælen.

Det er mildt sagt ynkeligt, at vi har det, som vi har. For vi har de sidste årtier spoleret, så generationer efter os med rette kan klage og spørge, hvad vi tænkte på.

Det er synd og skam, for vi har rent faktisk i stor uforstand »kønsløsificeret« i tusindvis af gode lokaler – til ingen verdens nytte. Som nævnt her i pengeinstitutternes verden, hvor der jo har været penge nok til at ændre og modernisere.

Men det samme gælder desværre også andre steder. Og i hvert fald i endnu et område, hvor der heller ikke mangler penge: *apotekerne*.

Se bare, hvad der er sket med dem. Smadret er de oprindelige interiører stort set alle steder. Ene og alene, fordi de skal være så moderne, og se så nye og »indbydende« ud – uden ringeste forståelse for, i hvilke huse disse apotekerrum ofte ligger. Det er ligegyldigt, om det er apoteker fra forrige århundrede, århundredskiftet eller fra 40'erne og 50'erne i dette århundrede. Hvorfor må de ikke have lov at være deres oprindelse bekendt?

Jeg husker som dreng i Holbæk, hvor spændende det var at blive sendt på det lokale Løve Apoteket: spækket med poleret mahogni, hylder overalt, gamle porcelænskrukker og masser af poleret messing. En stor, underlig og spændende træhule, der ikke lignede noget andet, jeg kendte.

Men huset skulle selvfølgelig rives ned engang i 60'erne for at give plads for et af de mest ligegyldige spekulationshuse. Og det nye Løve Apotek blev så et nyt uinteressant sted.

Synd og skam. Kun funktionen er tilbage.

Men selv, hvor husene ikke skal rives ned, ja der farer apotekerne på med deres moderniseringsmani og får de grueligste resultater ud af det. Oplevelsesmæssigt bliver det bare fattigere og fattigere. Og tænk, hvor ærgerligt det er, for det er jo ikke pengene, der mangler, det viser moderniseringerne tydeligt. Det er bare mangel på respekt. Så kort kan det siges. Et af mine egne lokale apoteker har lige fået noget helt nyt: en serie standardhylder til selvbetjening ... og hvilken uspændende indretning. Hvor er det synd, når også de små oplevelser skal tages fra os og erstattes af ligegyldigheder.

København er stort set støvsuget for oprindelige apotekerrum. På Christianshavn f.eks. røg for nylig det sidste, et fint funktionalistisk apotek. Nu er apoteket ikke til at kende igen, og helt uinteressant. Kun et enkelt sted, ét eneste sted i landets hovedstad, har jeg kunnet finde ét apotek, som jeg kunne tage med i denne bog. Men her er apo-

Erichsens Palæ, Handelsbanken, Holmens Kanal (side 72 og 73).

tekeren også personligt interesseret i at bevare; som noget usædvanligt i den branche, desværre. Det er Nørrebros Apotek på Nørrebrogade over for Blågårdsgade.

Kun få moderniseringer, som f.eks. et nyt indgangsparti, er kommet til, og det er lavet med respekt. Tak for det. Så bevarede vi da dén oplevelse i byen.

Også *posthusene* er det galt fat med. P & T har haft utrolig travlt med at ødelægge og fjerne alle spor fra fortiden. Og i min ihærdige research har jeg i hovedstaden kun kunnet finde ét eneste

Universitetsbiblioteket, 2. afdeling, Nørre Allé 49 (side 95). Vægudsmykningen i rummet er af maleren Jørgen Teik Hansen fra kunstnergruppen »Violet Sol«.

posthus, der kunne komme med i denne sammenhæng: det lille posthus på Vesterbrogade.

Her har diskene fra 40'erne fået lov at stå. Her er stadig skrivepultene fra dengang og de gamle lamper ... og her ser ud til at være til at arbejde, sådan rent klimatisk. Godt nok er der føjet nye ting til, men helhedsindtrykket er stadig fint. Ét eneste sted i København. Det *er* for dårligt, P & T! Tænk, hvad I har fjernet af oplevelser – til ingen verdens nytte.

Nå, men hele denne bog startede altså med irritationer over at se, hvor meget der blev ødelagt i specielt de tre omtalte kategorier, og desværre også mange andre steder.

Alligevel fornemmede jeg, at det trods alt ikke stod helt så galt til alle vegne. Så jeg satte mig for at finde ud af, *hvor* man har værnet om værdierne og har ladet dem være det, de oprindelig var tænkt til; måske nok ændret lidt rundt omkring, men altid i respekt for historie, sammenhæng og oprindelse.

Jeg gik ikke forgæves

Mange steder er København stadig ganske smuk og til at være stolt af. Og den er nok langt mere interessant, end de fleste af os går rundt og tror, når vi

Davids Samling, Kronprinsessegade, Empirestuen (side 101).

farer igennem byen i vores vante stræk og ad vore normale baner.

For når man stopper op og går ind, så er der heldigvis mange gode oplevelser tilbage.

Men omvendt er det så også på tide at pege på nogle af de steder og gøre opmærksom på deres værdier. Det kan hurtigt blive for sent, selv om noget alligevel kunne tyde på, at det så småt er ved at vende enkelte steder, at flere og flere alligevel er begyndt at værne lidt mere om de indendørs kvaliteter.

Der er stadig fine butikker i København, mest de små, ydmyge. De store har fået for meget af det nye. Illum f.eks. mistede for mange år siden sit store, fantastiske trappeparti fra en tid, hvor et hus som Illums skulle ligne noget, man havde set udenlands. Det samme – at fjerne væsentlige trapper har man skyndt sig at gøre i Charlottenborgs Udstillingsbygning og i forhallen i Statens Museum for Kunst. Her havde man overdådige trapperum fra tiden – ligesom man havde det indtil for få år siden i Palads Teateret. Men ned med det hele og op med noget nyt, så man indendørs ikke længere fornemmer det mindste af tid og sted.

Eller tag Søkvæsthuset, Farvandsdirektoratet i Ovengaden oven Vandet på Christianshavn. Fint, gammelt, fredet hus udefra, men inde moderniseret til ukendelighed, så man skulle tro, at man befandt sig i et nyt kontorhus i

Den Hirschsprungske Samling, Stockholmsgade 2 (side 103).

Avedøre. At det offentlige vil være det bekendt, at fare løs på den facon – og spolere et gammelt, smukt hus. Jeg begriber det ikke.

De gode eksempler

Men det er butikkerne, vi stadig kan gå på opdagelse efter, butikker som f.eks. Perchs Thehandel, Petitgaś, Wroblewski, Hertz, Seifert, Kjær & Sommerfeldt og Pios Vinhandel. Og det er nogle af restauranterne: À Porta, La Glace og Kanalcafeen. Det er de fine biblioteker, selvfølgelig museerne, et par af teatrene, enkelte stationsbygninger, et par svømmehaller og trappe- og foyerrummene i nogle af de større huse, hvor også riddersale og andre store rum ofte står fint endnu. Og det er et par af hovedstadens fine toilethuse. Bare vent og se.

Så det er altså ikke kun i de store rigmandshuse, hvor man måske turde forvente en vis pietetsfølelse og respekt for historien. Det er heldigvis også i det mere jævne byggeri. I det hele taget afhænger det kun af, om indehaveren har respekt og fornemmelse for at bevare.

Fotograf og arkitekt Jens Frederiksen og jeg vil nu vise 100 steder.

Der er selvfølgelig, og heldigvis, flere end netop disse 100 rum. Der kunne såmænd findes andre 100. Nogle vil være enige i mit valg langt hen ad vejen, andre vil være uenige, men disse 100 eksempler er i hvert fald mit bud på et flot bevaret København.

Formålet er, uanset enigheden, at pege på værdierne, at være med til at opelske en stolthed over byen og en interesse for at bevare, hvad der bør bevares.

Blandt de 100 udvalgte rum i denne bog er der da absolut nogle, der repræsenterer egentligt stilefterlignende perioder. Specielt når det gælder huse fra begyndelsen af dette århundrede. Alligevel repræsenterer husene og rummene kulturelle værdier, der er værd at værne om, ofte fordi de er overdådigt udstyret.

Eksempler på netop det finder vi i trappeopgangen hos Forbrugerombudsmanden i Bredgade og i Danmarks Rederiforenings hus i Amaliegade.

Andre rum er interessante alene ved deres specielle funktion: rummet får værdi af funktion og indhold. Det gælder f.eks. Herolds Varehus, det helt utrolige spøg- og skæmthus på Øresundsvej på Amager, og det gælder læderhandleren på Valby Langgade. Her har læderhandleren bare fyldt sit lille, beskedne butiksrum op med små funktionelle papkasser og anden simpel vareemballage.

Andre huse med gode rum er nye, men dem er der kun få af her. Desværre er kun ganske få af de nyere huse i København værd at tage med i denne sammenhæng. Kun få når efter min mening kvalitetsmæssigt, idémæssigt og oplevelsesmæssigt de ældre huse til sokkeholderne.

Men heldigvis er der dog et par væsentlige nye huse fra de seneste år.

Formålet med denne bog er selvfølgelig at forsøge at skabe en øget interesse for byen i bred forstand.

For København *er* smuk – og nok smukkere, end de fleste aner. Gå med på opdagelse, opsøg nogle af denne bogs 100 steder og gå selv på opdagelse efter flere.

Netop disse 100 rum er udvalgt også med det formål at kunne opsøges af andre interesserede. Med kun ganske få undtagelser kan man som almindeligt interesseret komme indenfor. Om ikke til hverdag, så dog en eller anden dag, hvis man er særlig ihærdig.

God fornøjelse.

Peter Olesen, Valby april 1989

Det Kgl. Teaters publikumsfoyer. Indretningen er betalt af Carlsbergfondet (side 105).

BUTIKKER

PERCHS THEHANDEL, KRONPRINSENSGADE

A.C. Perchs Thehandel, Kronprinsensgade 5 er oprettet i 1835 af Niels Broch Perch på samme adresse som i dag. Inventaret er stadig det oprindelige, også gyldenlædertapetet på væggene. Kun lamperne, kasseapparatet og personalet er skiftet ud. Her handles der udelukkende med te, og Perchs Thehandel er dermed en af de få helt specialiserede tehandler i Europa. De sidste 26 år har forretningen været i familien Hincheldeys eje.

SNOHRS KAFFE, VESTERBROGADE

H. Snohrs Kaffe- og Vinhandel, Vesterbrogade 198 er grundlagt i 1908. Den nuværende indehaver, Holger Snohr, har drevet forretningen siden 1946. Stort set intet er forandret. Meget af inventaret er fra 1908. Her er kaffemølle, kagedåser med glaslåg, vin og chokolade på hylderne og masser af kaffe og te i dåserne. En meget smuk butik.

WROBLEWSKI, NYTORV

Otto B. Wroblewskis bog- og papirhandel, Nytorv 19, er oprettet i 1853. I 1878 flyttede forretningen til Nytorv, og næsten alt inventar er fra dengang. Enkelte nye reoler er dog kommet til, men de er passet respektfuldt ind i det gamle interiør. Træværket, disk, reoler og paneler er holdt i 4 smukke gråtoner. Forretningens nuværende indehaver, Ivan Wroblewski, er 4. generation. Oprindelig var Wroblewski litterær boghandel. Men de sidste mange år har specialet været juridisk boghandel, og så drives der blanketforlag, specielt som service-forlag for advokatstanden.

KØBMANDEN, TREKRONERGADE

Købmand S. Brønd Sørensen, Trekronergade 58 i Valby. Forretningen er fra først i dette århundrede, og næsten alt inventaret er oprindeligt. Den nuværende indehaver Brønd Sørensen har drevet forretningen siden 1957. Han er i dag godt 80 år og har tænkt sig at blive ved så længe han kan. Men hvad vil der ske, den dag han ikke kan mere?

KJÆR & SOMMERFELDT, GL. MØNT

Kjær & Sommerfeldt, Gl. Mønt 4, blev oprettet i 1875, men kan i virkeligheden skrives tilbage til 1869. Det store gamle vinhus, der i dag ejes af Carlsberg, flyttede til Gl. Mønt i 1929. Det store hus er bygget af arkitekterne Anton Frederiksen og Feldinger. Inventaret, og hele forretningens indretning, er fra starten i 1929, og der lægges her, som i Pios Vinhandel, megen vægt på at værne om stemningen.

PIOS VINHANDEL, ØSTERBROGADE

Pios Vinhandel, Østerbrogade 46, er oprettet 1881 og flyttede til sin nuværende adresse to år efter i 1883. Interiøret – også det smukke loft – er originalt fra indflytningen i huset, der stod færdigt samme år. De smukke hylder fungerer stadig fint til formålet. Forretningen blev oprettet af oberstløjtnant Frantz Bülow Pio, og drives i dag af Erik Tegldal.

Pios eneste varer er vin, spiritus, øl og vand.

FARVEHANDLEREN, NDR. FRIHAVNSGADE

Axel H. Andersens Farve- og Tapethandel, Nordre Frihavnsgade 68 er fra 1903 – og hele indmaden er original. Det er en meget fin lille farvehandel med de gamle hylder, reoler og skabe fyldt med nutidige farve- og tapetvarer. Den nuværende indehaver Axel H. Andersen har drevet forretningen de sidste ca. 50 år.

PETITGAŚ, KØBMAGERGADE

Petitgaś, Købmagergade 5, er Københavns ubetinget mest eksklusive forretning med hatte til herrer. Forretningen blev i 1857 oprettet af François Petitgaś, der drev den frem til sin død i 1913. Petitgaś-familien fortsatte endnu nogle år, og i dag driver 3. generation af familien Rasmussen, Steen Rasmussen, Petitgaś. Inventaret, fine hvidmalede glasskabe med forgyldninger og loftet, er bevaret fra oprettelsen i 1857. Loftsbelysningen burde udskiftes.

HERTZ, KØBMAGERGADE

Kongelig Hofjuvelér Hertz, Købmagergade 34, blev grundlagt af Peter Hertz i 1834. 7 år efter, i 1841, flyttede forretningen til den nuværende adresse. Den overdådige indretning og udsmykning er fra 1906, forestået af arkitekten Bernhard Ingemann. Hylder og al vægudsmykning er skåret ud i teaktræ. Samme slægt har drevet forretningen lige siden oprettelsen. I dag er 5. generation, Flemming Hertz chef, og 6. generation er sikret.

KØBENHAVNS FARVEHANDEL, BADSTUESTRÆDE

Københavns Farvehandel og Oliefarvefabrik, Badstuestræde 8, er fra 1930, og i dag er det 3. generation af familien Skovbo Jensen, der driver forretningen. Hovedparten af inventaret er originalt. Farvehandelens kunder er konservatorer, museer og kunstnere. Der handles ikke med tapet eller almindelig vægmaling, men udelukkende med kunstnermaterialer.

SEIFERT, ST. REGNEGADE

C.L. Seifert, Store Regnegade 12-16, er fra 1865 og blev i Seifert-familien til 1947. Siden har familien Birch, nu Rita Birch, drevet forretningen med det fine, gamle inventar fra starten i 1865. Seifert er kongelig hofleverandør i uniformsartikler, det vil sige uniformer og huer til etaterne og værnene, altså ambassadører, generaldirektører og militærpersoner. Men Seifert forhandler også, som mange københavnere vil vide, studenterhuer – og nu som det nyeste – firmabeklædning.

SADELMAGER DAHLMAN, FORTUNSTRÆDE

Brdr. F. og L. Dahlmans Eftf. har boet i Fortunstræde siden 1930. Men forretningen kan føres helt tilbage til 1807 og er dermed verdens ældste fungerende sadelmagerforretning. Først holdt man til i Tøjhusgade, siden i Frederiksholms Kanal, og altså fra 1930 i Fortunstræde, altid tæt ved de kongelige stalde. For gennem mange år leverede forretningen alt til de kongelige heste: seletøj, sadler og andet udstyr. Forretningen har specialiseret sig i alt til heste. Den nuværende indehaver, Willy Hendriksen, overtog forretningen i 1959. En stor del af det gamle inventar stammer helt fra grundlæggelsen i Tøjhusgade i begyndelsen af forrige århundrede. Lygten på væggen er fra Grevinde Danners karet.

BUNTMAGER LUND, ST. KONGENSGADE

Buntmager Torben Lund, Store Kongensgade 10, holder til i et forretningslokale fra 1875. Så længe har her været buntmagerforretning, først under ledelse af A. Ahner. Ahner-familien fortsatte til 1948. Nu er Torben Lund 2. generation af Lund-familien i forretningen. Inventar som skabe, reoler og disk er fra begyndelsen i 1875. Kun vinduespartiet har undergået visse forandringer, men det er nænsomt og respektfuldt gjort. Loftet er som i mange af de gamle butikker af matteret glas med guldlister.

NØRREBRO APOTEK, NØRREBROGADE

Nørrebro Apotek, Nørrebrogade 22, er oprindelig fra 1844, da apoteket blev indrettet i nr. 20. I 1864 flyttede apoteket til den nuværende adresse, og her har man så passet godt på det fine apotek siden. København har mange apoteker, men fælles for de fleste er, at de absolut skal moderniseres og helst til ukendelighed, bare det hele er nyt, »smart« og moderne. På apoteket i Istedgade er der et loft og en billedfrise tilbage, og der er lidt reolværk på Gl. Torvs Apotek, men ellers er apotekerne ulykkeligvis ødelagt.

Dog ikke dette ene apotek på Nørrebro. Her har man nemlig ladet hovedparten af det gamle stå og med enkelte praktiske moderniseringer gjort apoteket tidsvarende at arbejde i. Alt det vigtige, det der giver stemning og atmosfære, er her endnu. En enkelt solstrålehistorie i apotekerverdenen.

FRISØRSALONEN, ESPLANADEN

Frisørsalonen, Esplanaden 3, er fra 1906 – og der er kun foretaget få forandringer siden. Den 81-årige indehaver, Sigrid Pedersen, overtog salonen i 1932 og har stadig sit daglige arbejde her. Der er både herre- og damefrisør.

Reolen med de små rum på væggen er fra 1906 og havde oprindelig numre ved hvert rum. Her lå så de faste mandlige kunders personlige barbergrej til det daglige brug, når de om morgenen kom forbi og skulle barberes. Sigrid Pedersen overtog salonen sammen med sin mand, og de havde dengang 6 ansatte. I dag er én frisør ansat.

POSTKONTORET, VESTERBROGADE

Postekspeditionen, Vesterbrogade 196, er et af de sidste, og nok det sidste af de københavnske postkontorer, der har fået lov at bevare noget af duften fra før. Hovedpostkontorets store fine postekspedition med søjler, ud til Tietgensgade, er lukket og bygget om – og i stedet har man indrettet et nyt helt uinteressant ekspeditionskontor få skridt derfra. Ærgerligt ud over alle grænser. P & T har været meget hård ved sine bygninger. Men her på Vesterbrogade har diske, skrivepulte og lamper fra indflytningen i 1940 fået lov at stå. Her er endnu stemning – til glæde for Frederiksbergborgerne, der bor i området.

**INDBETALING AF
POSTANVISNINGER OG
INDBETALINGSKORT**

Anbefalede Breve
og Værdibreve.

UDBETALING

Frimærker m. v.
(Ark og Bundter)

ISENKRÆMMEREN, GL. KONGEVEJ

Isenkræmmer Poul Hartmann, Gammel Kongevej 94, har siden 1935 været indehaver af den gamle isenkræmmerforretning, der er fra omkring århundredskiftet. Poul Hartmann er alene i forretningen, som mange af de andre ældre forretningsdrivende bag denne bogs småbutikker. Men han fortsætter, så længe han kan, med at sælge søm og skruer fra småskuffer, og med at køre sit eget helt personlige varesortiment. En isenkræmmer af de usædvanlige. Kasseapparatet er fra 1898 og fungerer stadig upåklageligt.

HEROLDS VAREHUS, ØRESUNDSVEJ

Herolds Varehus, Øresundsvej 21 A, er ca. 50 år gammelt. Forretningen er et vidunderligt mylder af gammelt legetøj og spøg og skæmthalløj, det meste af det er ældre ting. Det er en sand fryd at gå på opdagelse i dette organiserede eldorado af muligheder, og den nuværende ejer fru Else Herold hjælper gerne til. Her er det ikke rummet i sig selv, arkitekturen, men indholdet, varesortimentet, ideen og stemningen, der berettiger, at Herolds Varehus er med i denne sammenhæng.

LÆDERHANDLEREN, VALBY LANGGADE

Læderhandler I.P. Christiansen, Valby Langgade 67, har boet i sin lille barakligende butik siden 1930. Før lå butikken i nogle år lidt længere fremme på Valby Langgade – men den første butik måtte lade livet på grund af vejomlægninger. I dag er de små barakbygningers fremtid truet. Forretningens indretning med et mylder af hylder og reoler fyldt op af alskens æsker med snørebånd, læderstrimler og såler stammer fra 1930 – det samme gør disken. Stemningen er i princippet uforandret fra dengang.

TRÆSKOMAGEREN, SDR. BOULEVARD

Træskomager E. Andersen, Sønder Boulevard 135, er nabo til Enghave station, i en ældre, simpel butiksbygning. Her har der været skomager siden starten af dette århundrede. Den nuværende træskomager har haft forretningen og værkstedet siden 1974, men han har medbragt de mange gamle træskolæste fra sit tidligere værksted, og en del af dem har han arvet fra en kollega fra Valdemarsgade. Flere af læstene er over 100 år. Stemningen i værkstedet er enestående i København i dag.

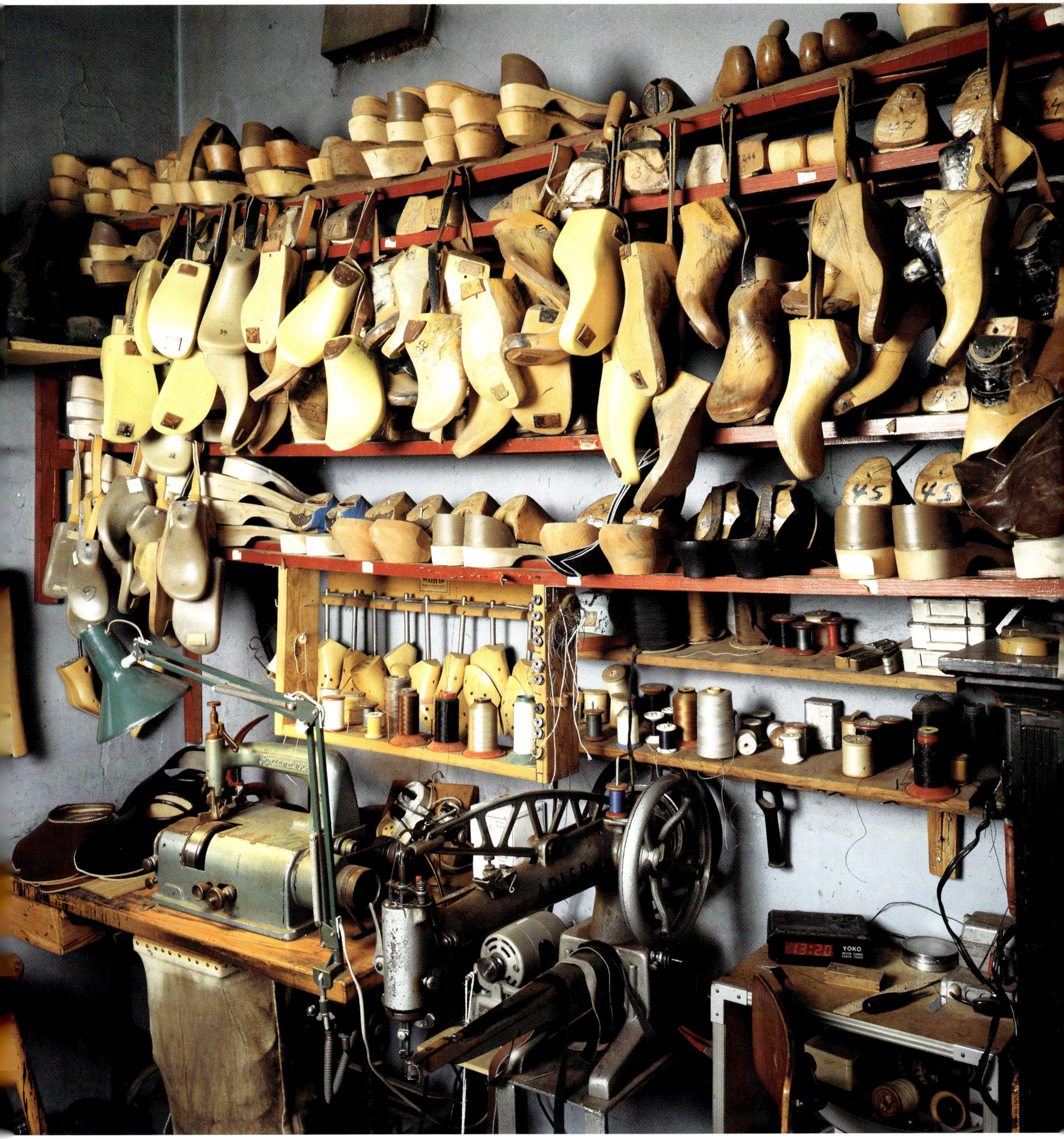
ADLER
13:20
YOKO

PAUSTIAN, KALKBRÆNDERIHAVNEN

Paustians møbelvarehus, Kalkbrænderiløbskaj 2, er et af de yngste huse i denne bog, kun den nye Handelshøjskole på Frederiksberg og det nye universitetsbibliotek er nyere. Huset er tegnet af arkitekt Jørn Utzon og hans to sønner Kim og Jan, og det stod færdigt i 1987.

Huset på 2200 kvadratmeter ligger med en vidunderlig udsigt til havnebassinet, og der er alle steder arbejdet meget med at lukke lyset ind. Det er et elegant, lyst og luftigt byggeri i stærk kontrast til meget andet byggeri fra disse år. Og så er det et af de meget få Utzon-huse i Danmark.

RESTAURANTER

CAFE SORGENFRI, BROLÆGGERSTRÆDE

Cafe Sorgenfri, Brolæggerstræde 8, på hjørnet af Brolæggerstræde og Knabrostræde, er ca. 150 år gammel. Huset er fra sidst i 1700-tallet, bygget efter den store brand i 1795. Cafeen er ét lavloftet kælderlokale med mørke tilrøgede lædertapeter og med den samme stemning som i Kanal Cafeen. Men Cafe Sorgenfri er mere en ølstue – dog også kendt for sin flæskesteg. Fra midten af 1800-tallet var det hovedsagelig fiskerne fra Bornholm og Christiansø, der holdt til her, men også fiskerkonerne fra Gammel Strand spiste frokost i kældercafeen.

CAFE PETERSBORG, BREDGADE

Cafe Petersborg, Bredgade 76, ligger i kælderen i et hus fra 1746. Og cafeen kan også skrive sin historie tilbage til samme årstal. Der er tale om en lille hyggelig frokost- og middagsrestaurant for det gode borgerskab; ikke noget avanceret med fransk køkken.

Intet af inventaret stammer fra 1746, men de 42 malerier på væggene er fra århundredskiftet. De mange forskellige stole, der bevidst ikke skal være ens, har også en del år på bagen. Den hyggelige, fortættede stemning er cafeens særkende.

STEPHAN À PORTA, KGS. NYTORV

Stephan à Porta, Kongens Nytorv 17, er indrettet på stedet i 1857 af den schweiziske konditor Stephan à Porta. Cafeen er en af Københavns ældste og kan spores helt tilbage til 1797. Som den står i dag, så den stort set også ud ved indretningen her i 1857. Tapeterne er dog fra 1879. Men ellers er lofter, paneler og andet træværk fra cafeens begyndelse. Der kræses i dag om at bevare stemningen fra dengang.

En del af cafeen er tidligere blevet fjernet, da huset blev sat på en slags stylter og fik en søjlegang ud til Lille Kongensgade.

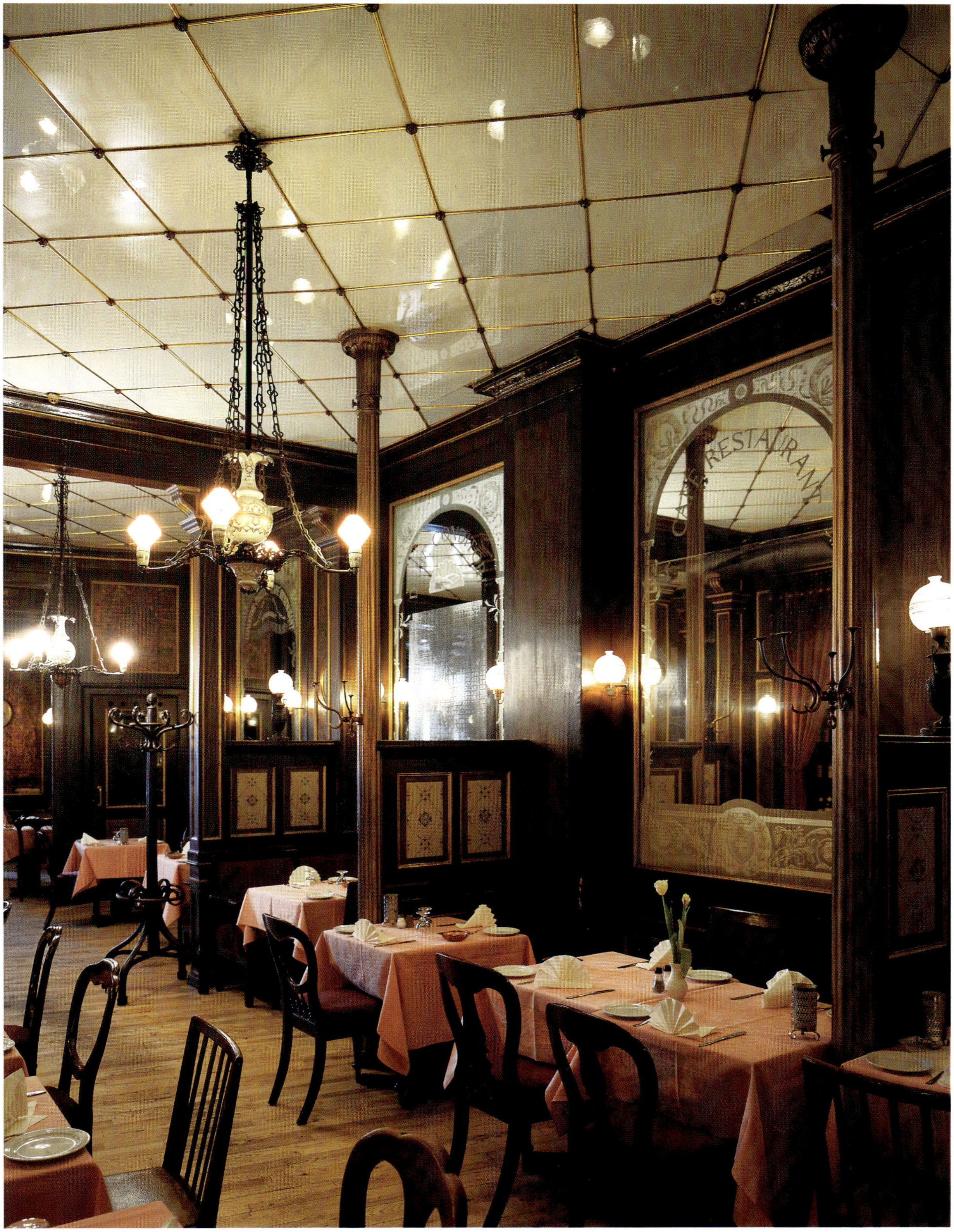

KANAL CAFEEN, FREDERIKSHOLMS KANAL

Kanal Cafeen, Frederiksholms Kanal 18, er fra ca. 1860. Huset er opført 1851-52 af H.C. Stilling, og det er fredet. Tidligere lå der på grunden et palæ ejet af bl.a. familien Plessen. Kvarteret husede i det hele taget mange palæer tilhørende adelen. Kanal Cafeen er frokostrestaurant, indrettet i små, lavloftede kælderlokaler – men er også øl- og vinstue. Indretningen har ændret sig lidt undervejs, men helhedsindtrykket med gamle billeder på de mørke, tilrøgede vægge er en hyggelig, gammel og intim restaurant med udsigt direkte til Christiansborg.

RESTAURANT ELS, ST. STRANDSTRÆDE

Restaurant Els, Store Strandstræde 3. Huset og restaurantens indretning er fra 1853. C.F.B. Grandjean indrettede konditori her, men omkring århundredskiftet blev stedet indrettet som restaurant. Væggene er rigt dekoreret med blandt andet 6 kvindebilleder, malet af Christian Hetsch. For ganske nylig er det hele restaureret med Nationalmuseets eksperter som konsulenter. Fra begyndelsen blev restauranten flittigt besøgt af kunstnere fra et af nabohusene, Det Kgl. Teater, og bl.a. også af H.C. Andersen. Han skrev til indvielsen lillejuleaften 1853 dette digt:

»Fra gammel Tid en Gaard her stod,
nu er den »gamle Minder«.
Men paa dens Grund, og den er god,
en ny man oprejst finder.
Vi rejste den med Krandsen paa,
vi til dens Fest os samle.
Den nye Gaard, gid Lykke maa,
boe her som i den Gamle.«

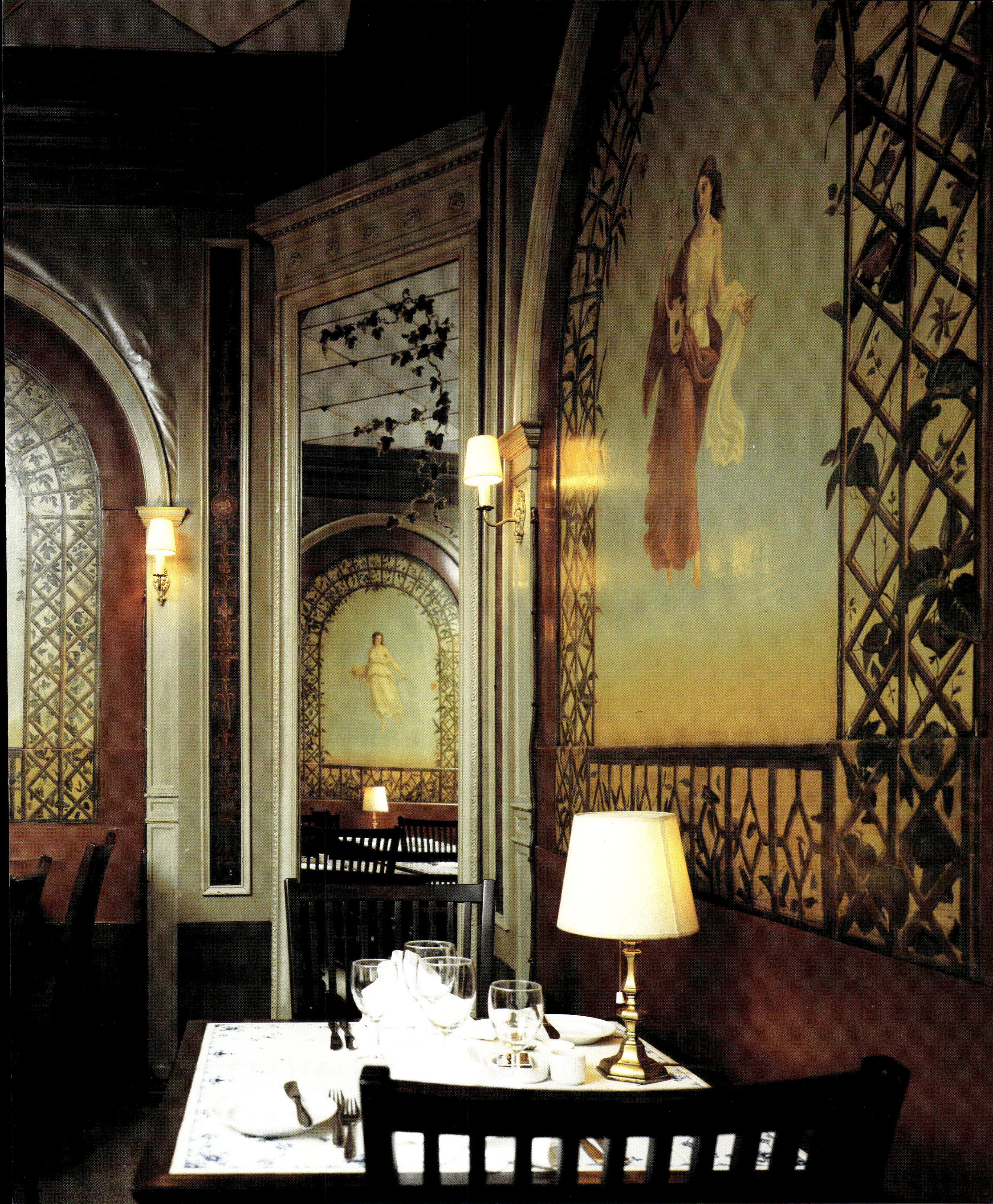

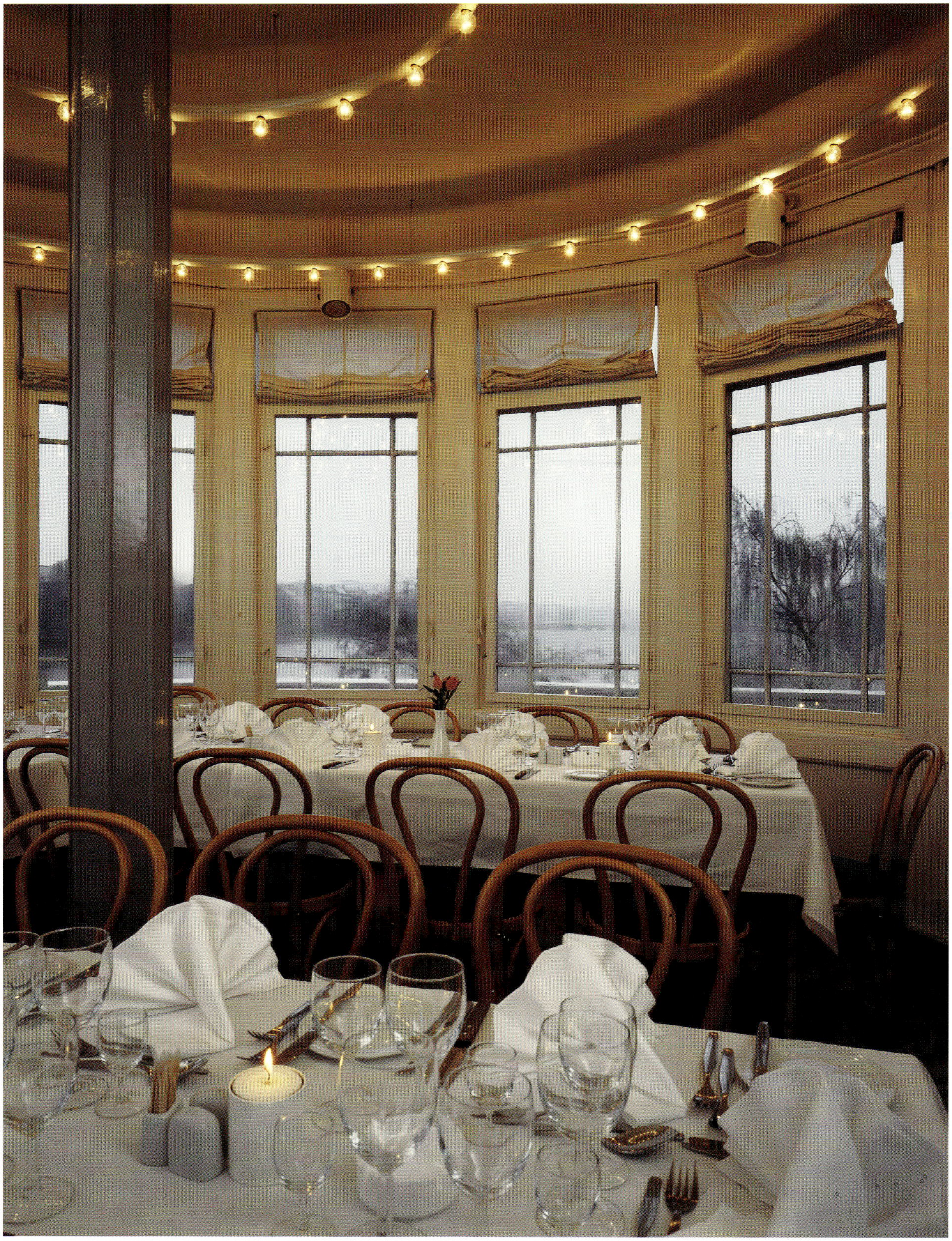

SØPAVILLONEN, GYLDENLØVESGADE

Søpavillonen, Gyldenløvesgade 24, er fra 1894, tegnet af arkitekt Vilhelm Dahlerup. Han tegnede også Det kgl. Teater, Pantomimeteatret i Tivoli, Statens Museum for Kunst og Glyptoteket. Søpavillonen har været slemt truet af nedrivning. Hjerteløse politikere ønskede huset for enden af Peblingesøen fjernet, men heldigvis trådte en behjertet mand – forlæggeren Palle Fogtdal – til og reddede Søpavillonen med den nødvendige kapital. Det er et herligt og rummeligt træhus med den bedst tænkelige udsigt. Her er vi i et af de cirkelrunde hjørnerum med udsigt til Dronning Louises Bro i den fjerne dis. I mange år var netop dette rum fast tilholdssted og mødelokale for Eventyrernes Klub. Søpavillonen er i dag restaurant. Oprindelig blev bygningen opført til Københavns Skøjteløberforening.

LA GLACE, SKOUBOGADE

La Glace, Skoubogade 3, er fra 1870. Grundlæggeren var Nicolaus Henningsen, og indtil 1978 nåede 3 generationer af familien Henningsen at drive konditoriet. Siden har familien Stagetorn overtaget det. Konditoriet har altid ligget, hvor det nu ligger, men det oprindelige hus blev revet ned i 1922, og først i 1924 kunne man flytte ind i de nye lokaler indrettet af arkitekt Alan Christensen. Flere af stolene fra dengang med La Glace-bomærket i ryggen står her stadig. I mellemtiden holdt forretningen til i naboejendommen. I 1930'erne blev naboens kælderbutik lagt til. Det er den vi ser i dag, indrettet som konditori.

LORRY, ALLÉGADE

Guldaldersalen i Lorry, Allégade 7. Rummet her er ikke nær så gammelt, som de fleste måske kunne forledes til at tro. Tidligere var her, i det smukke gule hus godt trukket tilbage fra vejen, gæstgiverstue med sand på gulvet. Men da sagføreren Valdemar Nielsen i 1920 overtog Allégade 7, blev der gjort alvor af at indrette en stor guldaldersal i nyrokokoens blændende hvidt og guld. Portrætrækken af guldalderens store ånder er udført af Frode Kjerulf. Allerede i 1946 blev Guldaldersalen gennemgribende restaureret. Salen er netop indrettet som kontorlokale for TV2's nyoprettede region København.

TRAPPER OG FOYERRUM

DEHNS PALÆ, BREDGADE

Dehns Palæ, Danmarks Apotekerforening, Bredgade 54, blev opført i 1752-54 til geheimeråd F.L. Dehn. Arkitekten var J.G. Rosenberg – samme arkitekt som byggede Det Bernstorffske Palæ på den anden side af Frederiksgade ved indkørslen til Amalienborg. De to palæer indgik i Eigtveds storslåede anlæg, Frederiksstaden. Dehns Palæ har ført en omtumlet tilværelse, bl.a. som klaverfabrik for Hornung og Møller. I 1980 gik A. Jespersen & Søn og professor Vilhelm Wohlert i gang med en meget omfattende og yderst vellykket totalrenovering af palæet for Danmarks Apotekerforening. Og resultatet står i dag i skærende kontrast til de uforståelige ombygninger, mange af foreningens medlemmer, apotekerne, foretager stort set overalt. Dehns Palæ burde i stedet være et eksempel til efterfølgelse.

DET HOLSTEINSKE PALÆ, STORMGADE

Det Holsteinske Palæ, Stormgade 10-12, er fra 1687, opført til hofmarskal Henning Ulrik Lützow, sandsynligvis bygget af generalbygmester Lambert van Haven (også kendt for Vor Frelsers Kirke). Palæet fik sit nuværende navn i 1726, da ejendommen blev overtaget af geheimeråd Johan Georg von Holstein. Mellem 1753 og 1756 blev palæet bygget om under ledelse af hofbygmester Jacob Fortling og fik her sin nuværende skikkelse. Trapperummet, vi ser her, er fra denne ombygning.

I dag bor Boligstyrelsen i huset.

GYLDENDAL, KLAREBODERNE

Forlaget Gyldendal, Klareboderne 3, holder til i dette smukke hus, opført efter Københavns brand i 1728. Huset stod færdigt 1734, bygget til overceremonimester C.V. von Plessen. I 1787 overtog bogforlagets grundlægger Søren Gyldendal huset, og det har så været forlag i over 200 år. Forhuset og trapperummet her står i dag næsten uforandret siden 1787. Den berømte hvide trappe med den blå løber er kendt for at være trappen, hvor mangt et håbefuldt forfatterhjerte har banket på vej fra stueetagen op til forværelset på første sal. Her bor nemlig direktion og redaktion, og her er mange forfatteres skæbne blevet afgjort. Den hvide trappe er noget helt særligt i den danske forlagsverden.

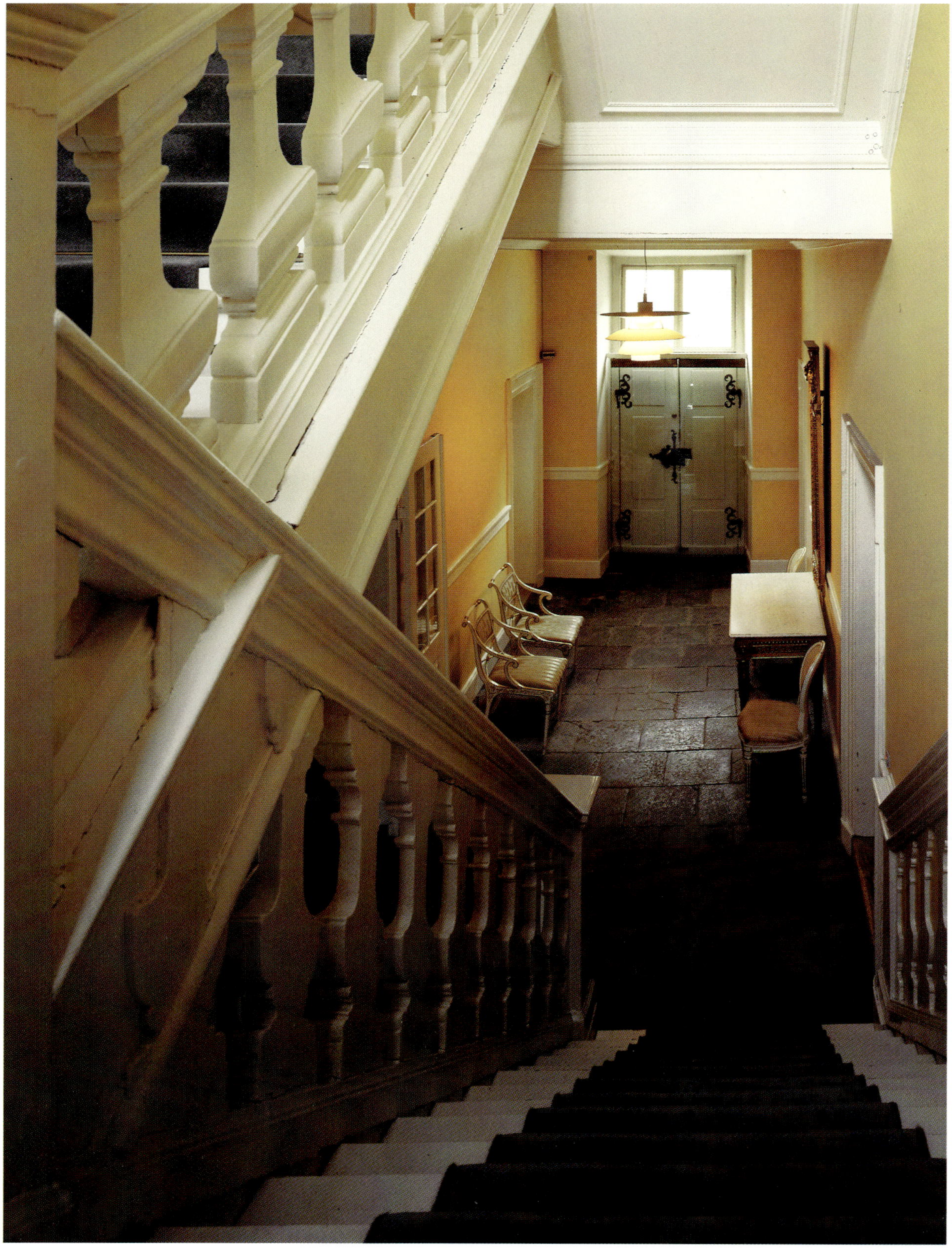

PHILIP DE LANGES PALÆ, STRANDGADE

Udenrigsministeriet, Philip de Langes Palæ, Strandgade, Asiatisk Plads. Palæet er fra 1738, tegnet af arkitekten Philip de Lange og blev opført som kontorbygning for Asiatisk Kompagni. I 1781 fik palæet en pendent – en facadekopi ud til Strandgade, men bagtil formet som et pakhus. De to bygninger og Eigtveds Pakhus udgør i dag – sammen med et bombastisk nybyggeri, tegnet af Halldor Gunnløgsson og Jørn Nielsen – rammen om Udenrigsministeriet. Indvendigt i Philip de Langes Palæ er dele af det oprindelige bevaret, bl.a. denne smukke trappe og flere stuklofter. I dag huser palæet bl.a. Udenrigsministeriets bibliotek.

RUNDE TÅRN, KØBMAGERGADE

Runde Tårn, Trinitatis Kirke, Købmagergade. Runde Tårns sneglegang fører op til tårnets observatorium og til den fantastiske udsigt over København. I godt vejr kan man se til Sverige. Tårnet og kirken blev opført af Københavns flittigste byggekonge, Christian den Fjerde. Tårnet stod færdigt i 1642, kirken blev indviet i 1656. Året efter blev det tilhørende bibliotek indviet. Tårnet er bygget af hollandske mursten. Det er knap 36 meter højt med en diameter på ca. 15 meter, og det trinløse trappeløb snor sig de mange meter op – 8 gange om en indre hul cylinder i tårnets midterakse. Der er blevet kørt hestevogn op ad sneglegangen – nu om dage køres der en gang om året på enhjulede artistcykler.

SALOMONSENS HUS, BREDGADE

Bredgade 31 huser bl.a. Forbrugerombudsmanden. Huset, der i dag ejes af C.F. Richs og Sønner, blev i 1894-95 opført af grosserer Lauritz Salomonsen. Grossereren købte i 1890 det hus, der før lå på grunden. Han rev huset ned i 1893 og fik arkitekt Lauritz Levy til at bygge et nyt, rigt udstyret hus – med pompøs stukkatur i flere af rummene. Også trappen blev der gjort meget ud af, dengang midt i 90'erne. Og i dag kan så alle, der har ærinde hos bl.a. Forbrugerombudsmanden, nyde det usædvanlige trapperum med buede, marmorerede vægge.

ØK, HOLBERGSGADE

Det Østasiatiske Kompagni, ØK, Holbergsgade 2, har boet på denne adresse siden 1908. ØK er stiftet i 1897, men pladsen i Frihavnen blev hurtigt for trang. I 1944 blev bygningen i Holbergsgade ødelagt ved schalburgtage. Året efter fik arkitekt Holger Jacobsen opgaven at genopføre huset med samme facadearkitektur. Det nye hus stod færdigt i 1949, og det er trappen i det hus vi ser her: en gennemsigtig, lys og luftig trappe med et 4 meter bredt søjlerum i midten. Træværket er i teak. Der er gotlandsk marmor på trin og afsatser. Der er i det hele taget ikke sparet på noget. Nederst ses billedhuggeren H. Luckow-Nielsens globus. Det er husets hovedtrappe, og den skal jo være præsentabel, og selvfølgelig er det ikke tilfældigt, at et stort selskab, der kommer vidt omkring i verden, har taget teaktræ med hjem til sin hovedbygning.

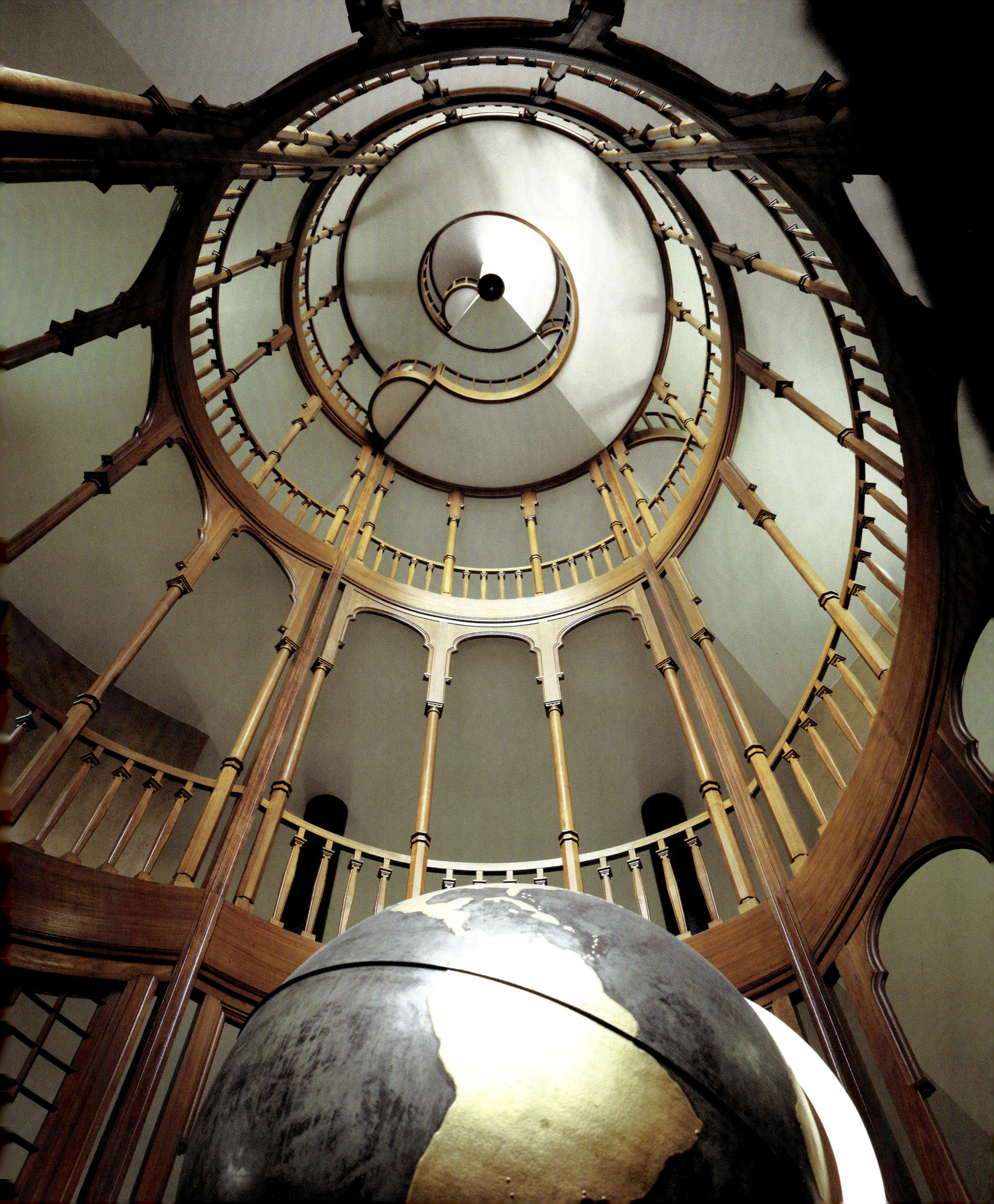

NORDEN, AMALIEGADE

Dampskibsselskabet Norden, Amaliegade 49. Huset har også båret navnet »Toldbodbørsen«, det ligger lige ud til Toldboden, på Hjørnet af Amaliegade og Esplanaden. Huset stod færdigt i 1790. Det var en af den navnkundige C.F. Harsdorffs elever, tømrermester Andreas Hallander, der tegnede og byggede huset. Siden har huset fungeret som adelspalæ, og i de sidste mange år har Dampskibsselskabet Norden boet her. Billedet viser vognporten, det fine indgangsrum, rigt udstyret i marmor og træ. Et smukt, ikke særlig stort rum, der giver et godt førstehåndsindtryk af det gamle hus.

DEN DANSKE BANK, HOLMENS KANAL

Den Danske Bank, Holmens Kanal 12, ejer en hel stribe huse ud til Holmens Kanal. Hovedindgangen er gennem nr. 12 i C.F. Harsdorffs fine palæ fra 1795 (ombygget 1850). Nabobygningen, professor Storcks hus er fra 1899, og bag disse to huse ligger en række nyere huse. Bl.a. kommer man, når man går ind gennem nr. 12 og skal ind i det store ekspeditionslokale, igennem Marmorgården, som vi ser loftet af her – igen et overdådigt udstyrsstykke fra omkring århundredskiftet.

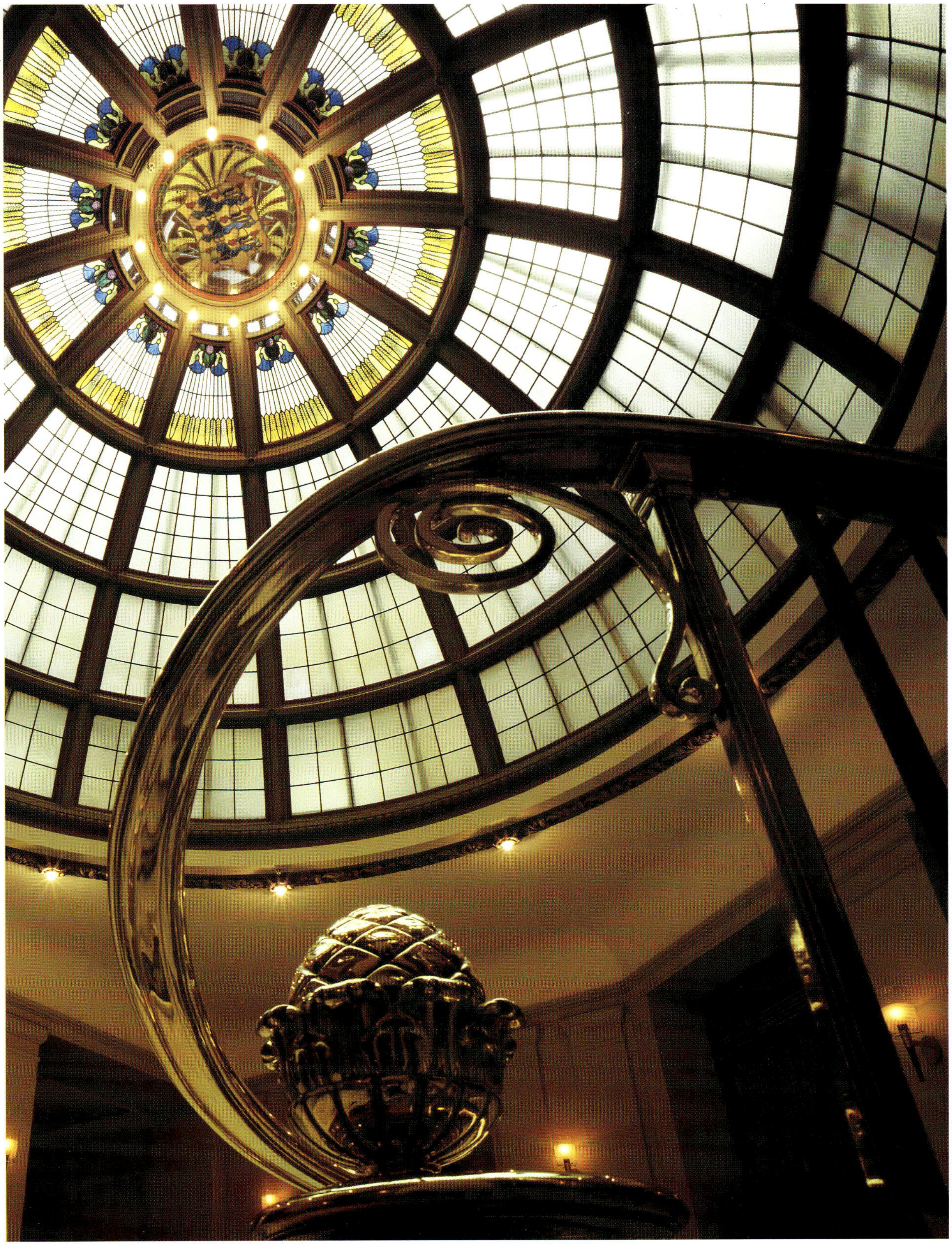

MUSIKKONSERVATORIET

Musikkonservatoriet, Niels Brocksgade 1. Konservatoriet bor i sit eget gamle hus ud til H.C. Andersens Boulevard – og også siden 1972 her i naboejendommen med dette pompøse trapperum. Huset er fra 1904 og var i mange år beboet af Forsikringsselskabet Danmark. De første få trin af husets trappe (de ses ikke her) stammer fra det 2. Christiansborg, C.F. Hansens Christiansborg, der jo brændte. Men dette trapperum er altså fra begyndelsen af dette århundrede. Huset er tegnet af Martin Borch.

DET NY TEATER, GL. KONGEVEJ

Det Ny Teater, Gammel Kongevej 29, er bygget i 1908. Bag opførelsen stod aktieselskabet Bona og teaterlederen Viggo Lindstrøm. Poul Reumert var i begyndelsen en af de bærende kræfter på teatret. Siden har teatret kørt efter forskellige repertoirevalg, men har i perioder i høj grad satset på de folkelige lystspil og udstyrsoperetter. Teateret er anlagt i den overdækkede passage mellem Gl. Kongevej og Vesterbrogade, så det er muligt at stige ud og gå tørskoet i teatret. Foyer og trappe er et overflødighedshorn og et rent udstyrsstykke i sig selv. Der skulle åbenbart ikke spares, så det blev en storslået entré til en teateroplevelse fra netop begyndelsen af dette århundrede: stuk, forgyldninger, paneler og røde løbere.

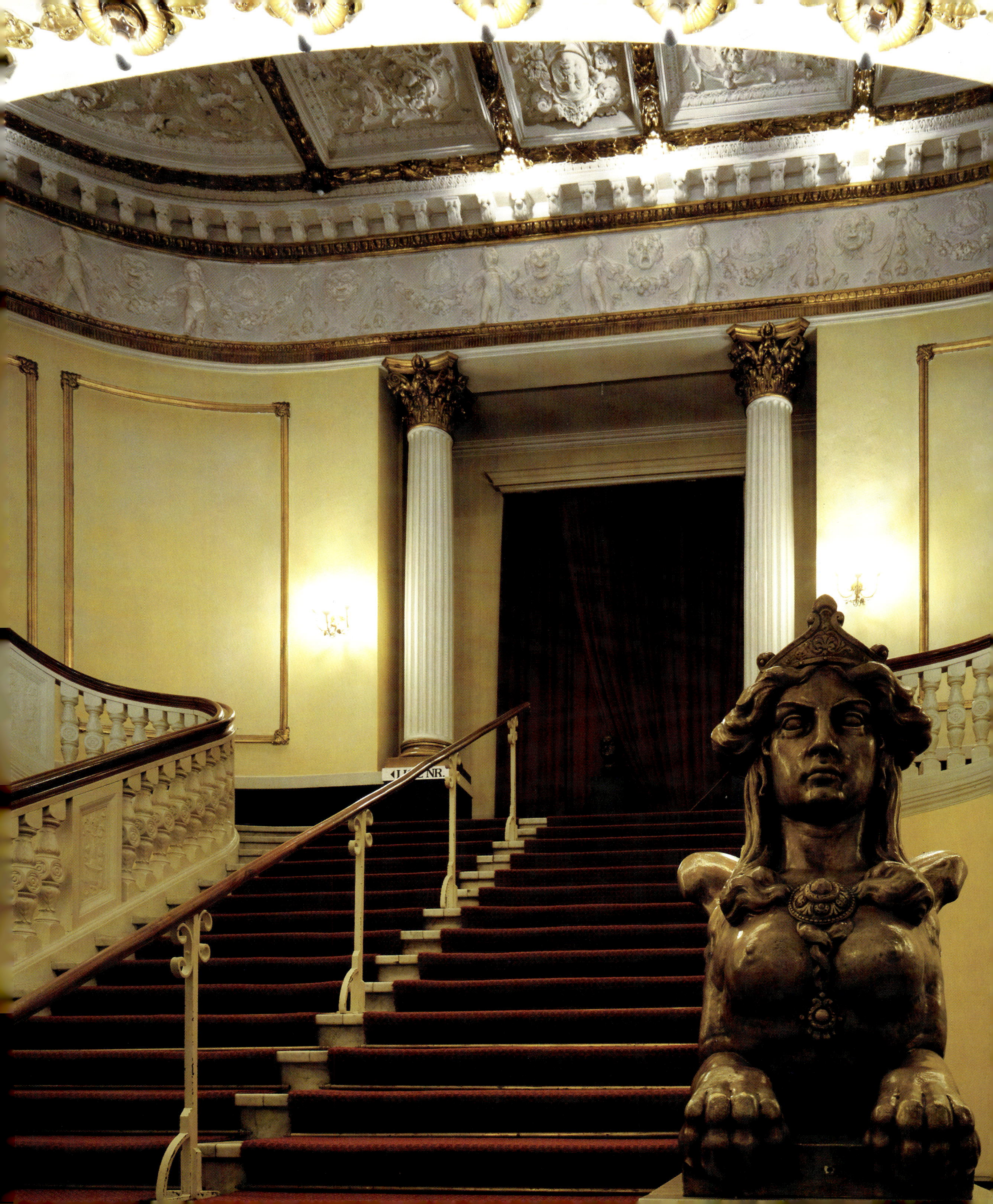
NR.

ZOOLOGISK MUSEUM, KRYSTALGADE

Det tidligere Zoologisk Museum i Krystalgade stod færdigt 1870 – opført af Chr. Hansen i samarbejde med zoologiprofessor J. Steenstrup. I dag er Zoologisk Museum for længst flyttet ud, og bygningen anvendes nu til administration for universitetet, til repræsentation og en gang imellem til udstillinger. Museets store, pompøse midtersal er et af Københavns mere overdådige rum – festligt tænkt, og der er ikke sparet på noget: renæssance nederst og byzantinsk udsmykning længere oppe. På langvæggene sidder fremmede rovfugle – på endevæggen de hjemlige, stork og hejre. Og så kommer der et flot lys ned fra det glasdækkede tag. Tidligere lugtede her af gode grunde stærkt af naftalin.

KØBENHAVNS UNIVERSITET, FRUE PLADS

Københavns Universitet kan skrive sin historie tilbage til 1479, da man holdt til i det gamle rådhus, den nuværende bispegård i Nørregade skråt over for universitetets nuværende hovedbygning. Hovedbygningen blev indviet i 1836 – tegnet af arkitekt Peder Malling. Billedet her viser forhallen, vestibulen, der fører direkte ind til den store, højloftede festsal. De to trapper til næste etage løber modsat indgangsretningen og langs rummets vægge; man føres – uforstyrret af trapperne – direkte frem mod indgangen til festsalen. Georg Hilker og Constantin Hansen udsmykkede rummet, som vi ser det i dag, med motiver som bl.a. »Athenes fødsel« og »Apollon siddende på trefoden«.

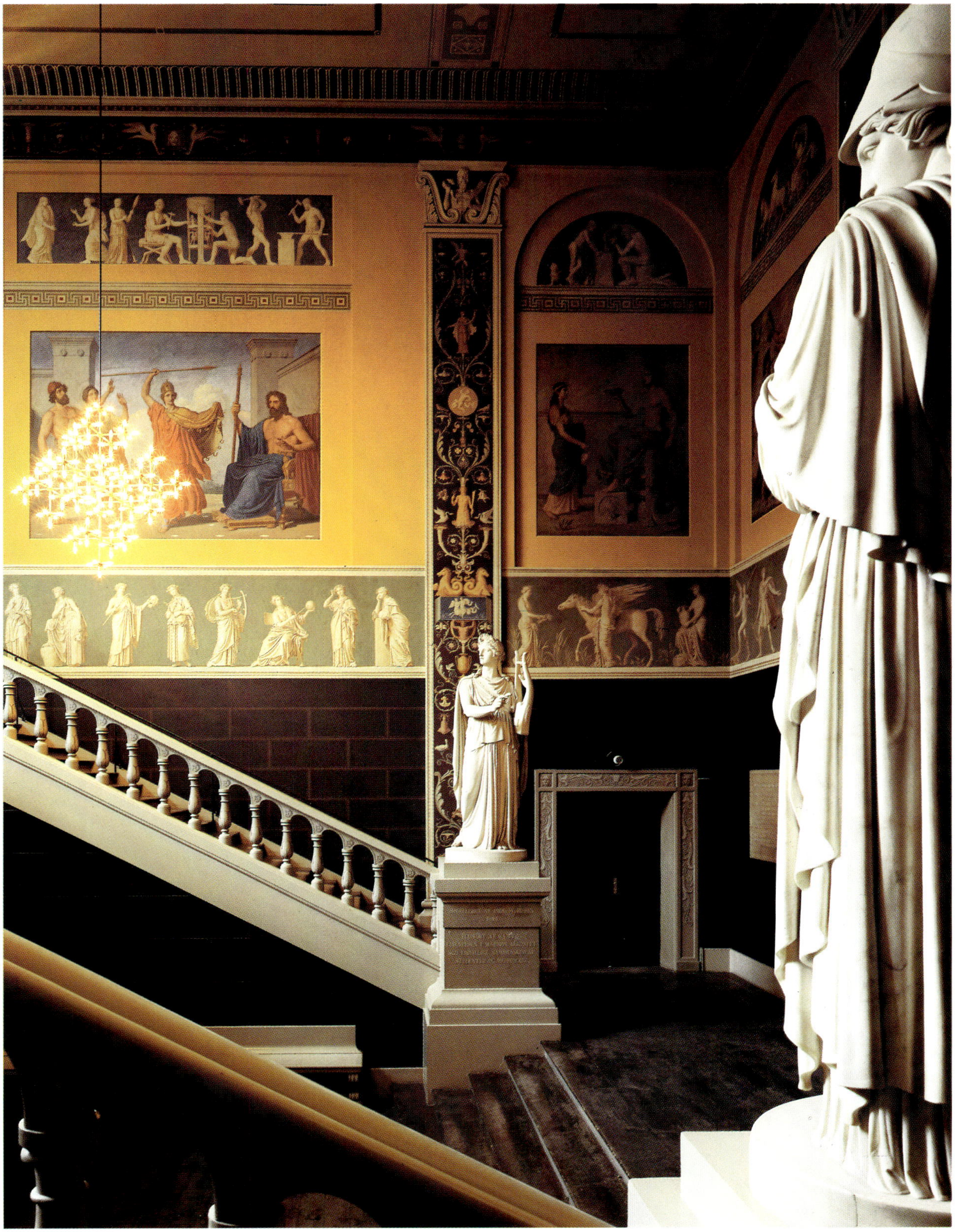

OVERFORMYNDERIET, HOLMENS KANAL

Overformynderiet – nu Familieretsdirektoratet – Holmens Kanal 20, er opført i 1937 af arkitekt Frits Schlegel. Det er et 6-etages hus, hvor de 2 øverste etager er trukket lidt tilbage, og med en tagterrasse øverst; et avanceret hus for den tid. Midterrummet er et af husets mest imponerende med kik gennem 3 etager og med gallerier hele vejen rundt. Her ser vi en af Overformynderiets trapper oppefra. En stram, enkel funktionalistisk trappe. Det eneste, der er ændret er, at gummibelægningen er skiftet ud med linoleum.

SKOLEN VED SUNDET, SAMOSVEJ

Skolen ved Sundet på Samosvej på Amager er fra 1938 – og er tegnet af professor Kai Gottlob. Det er et funktionalistisk byggeri af bedste klasse, og alene skolens ovale kæmpeaula er et besøg værd. Det er en stor åben aula, hvor klasseværelserne fra de enkelte etager vender ud mod midten og mod lyset fra oven. Rummet er også så stort, fordi det er beregnet til at kunne huse børnene i frikvarteret i tilfælde af dårligt vejr. Det luftige og lyse, de grønne omgivelser og al venligheden, vakte en del forargelse sidst i 30'erne. Det virkede ikke, som om der var lagt op til terperi. I dag er skolen, som så mange andre københavnske skoler, noget nedslidt – den trænger til en kærlig hånd. Den er en perle.

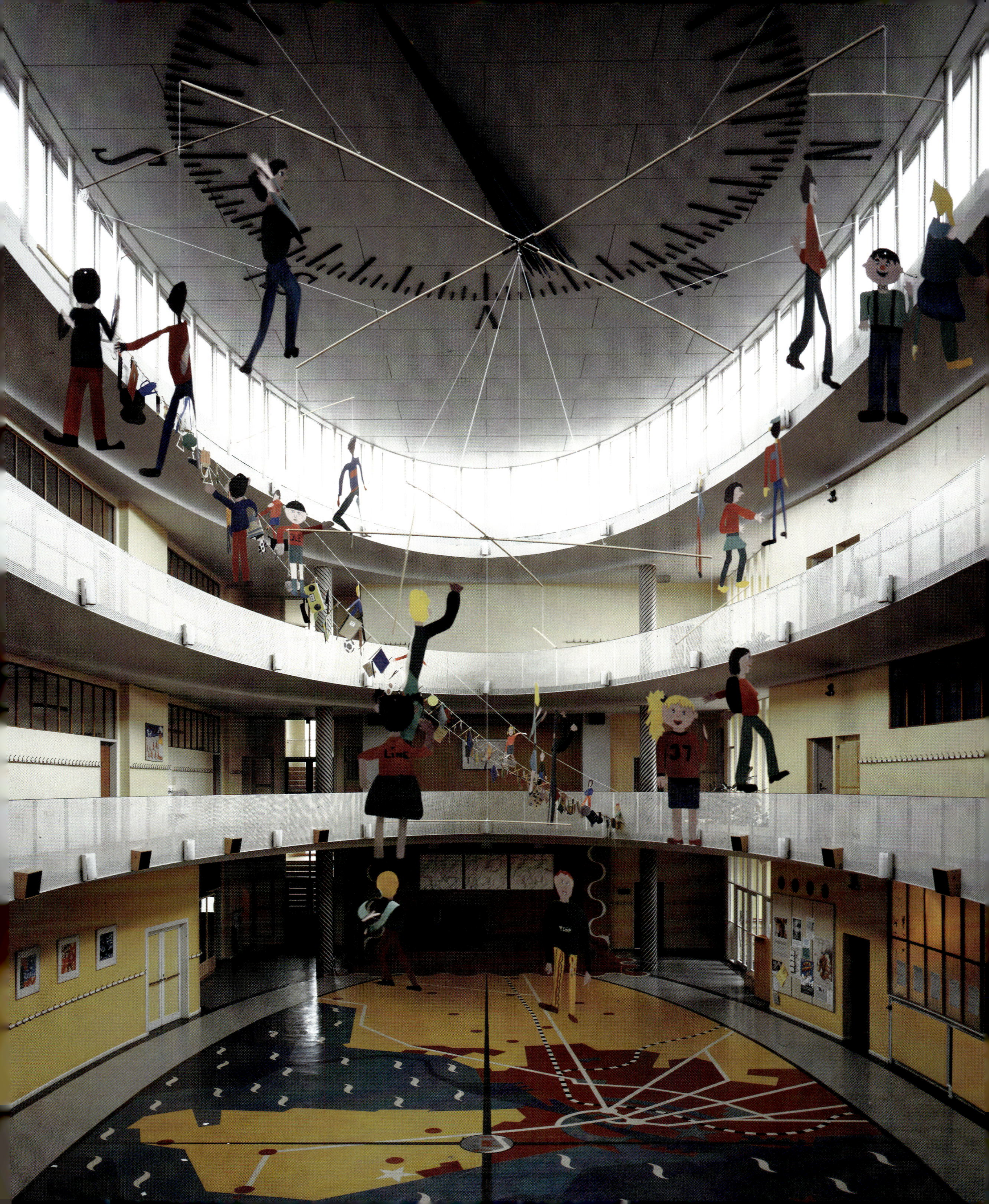

HAFNIA, HOLBERGSGADE

Hafnia – Haand i Haand, på hjørnet af Holbergsgade og Holmens Kanal. Huset er fra 1910-12, tegnet af arkitekten Ulrik Plesner. Huset er bygget som forsikringshus, og der er ikke sparet på udtryk og materialer. Klart et hus, der skulle gøre indtryk. Alene forhallen her skal imponere: stor, rummelig og med en overdådighed af materialer i sit lidt efterabeagtige udtryk. Desværre er ekspeditionslokalet med de store søjler bagved indtil videre lukket for kunder og er i stedet et mere nutidigt kontorlokale; dog med søjlerne bevaret, men bare ikke til glæde for kunderne, der jo nu i langt højere grad ekspederes med postvæsenet som mellemled.

RADIOHUSET, ROSENØRNS ALLÉ

Radiohuset, Danmarks Radio, Rosenørns Allé 22, blev taget i brug i 1941 – dele af huset dog først i 1945. Arkitekten er Vilhelm Lauritsen, og der er tale om virkelig første klasses kvalitetsbyggeri – ikke så lidt bedre end det, den samme tegnestue senere har leveret i f.eks. TV-Byen, også DR. Koncertsalen, de gamle radiostudier, kantinen, den gamle rådssal er hver især skønne rum i bedste funktionalistiske stil, men trapperummet med den pragtfulde elevator er værd at fremhæve her. Gode materialer, enkle linjer og fineste formgivning kendetegner netop elevator og trapperum. Tænk hvis man brugte de samme materialer, og hvis man kælede for materialerne med samme kærlighed og omhu i dag.

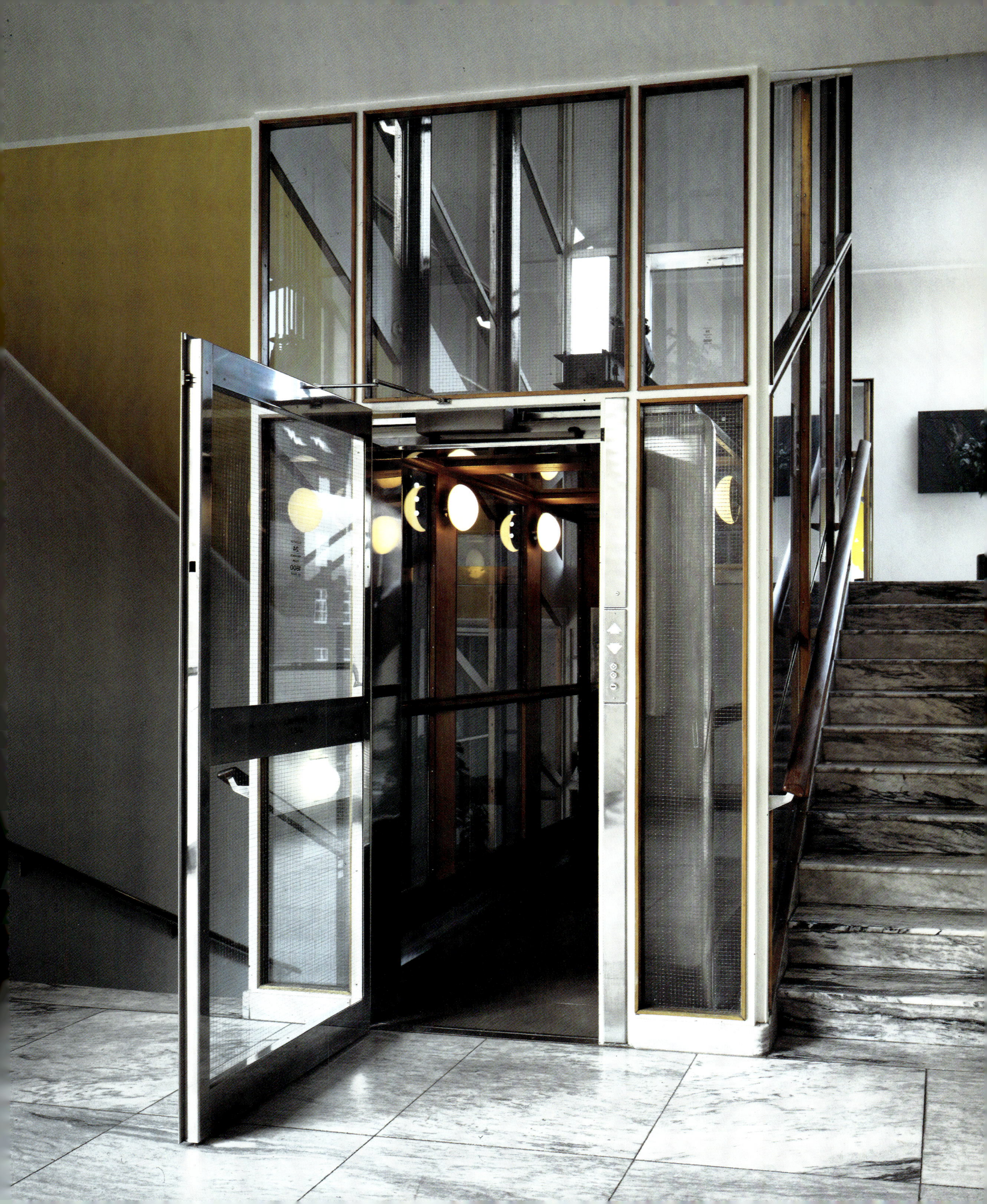

NATIONALBANKEN, HAVNEGADE

Danmarks Nationalbank, Havnegade 5. Huset er bygget af Arne Jacobsen. Det blev påbegyndt i 1965, men stod først færdigt i 1978. Før lå her en herlig gammel bygning – den gamle Nationalbank – tegnet af J.D. Herholdt, men den, og resten af den store karré på området blev revet ned, før byggeriets begyndelse i 1965, og i stedet kom dette smukke hus til at ligge her midt imellem en masse ældre bygninger. Mange holder af huset, andre afskyr det som den kolos, det også er, og mange fra begge grupper kunne godt have ønsket at huset lå et andet sted. Men smukt er det, se også ind i denne marmorforhal. En stor ståltrappe forbinder Nationalbankens 6 etager. Et elegant hus i nyere dansk arkitektur, og et af de få nye rum i denne bog.

DOMHUSET, NYTORV

Domhuset – Københavns Byret – Nytorv 21-25 stod færdigt som Københavns Raad- og Domhus i 1815. Det er tegnet af C.F. Hansen. Huset var rådhus indtil 1903 – siden har det kun været domhus og huser nu Københavns Byret. Går man ad trappen op mellem de høje, udvendige søjler, kommer man ind i dette smukke, enkle og lyse foyerrum med det klare nyklassicistiske interiør. Loftet bæres af fire doriske søjler.

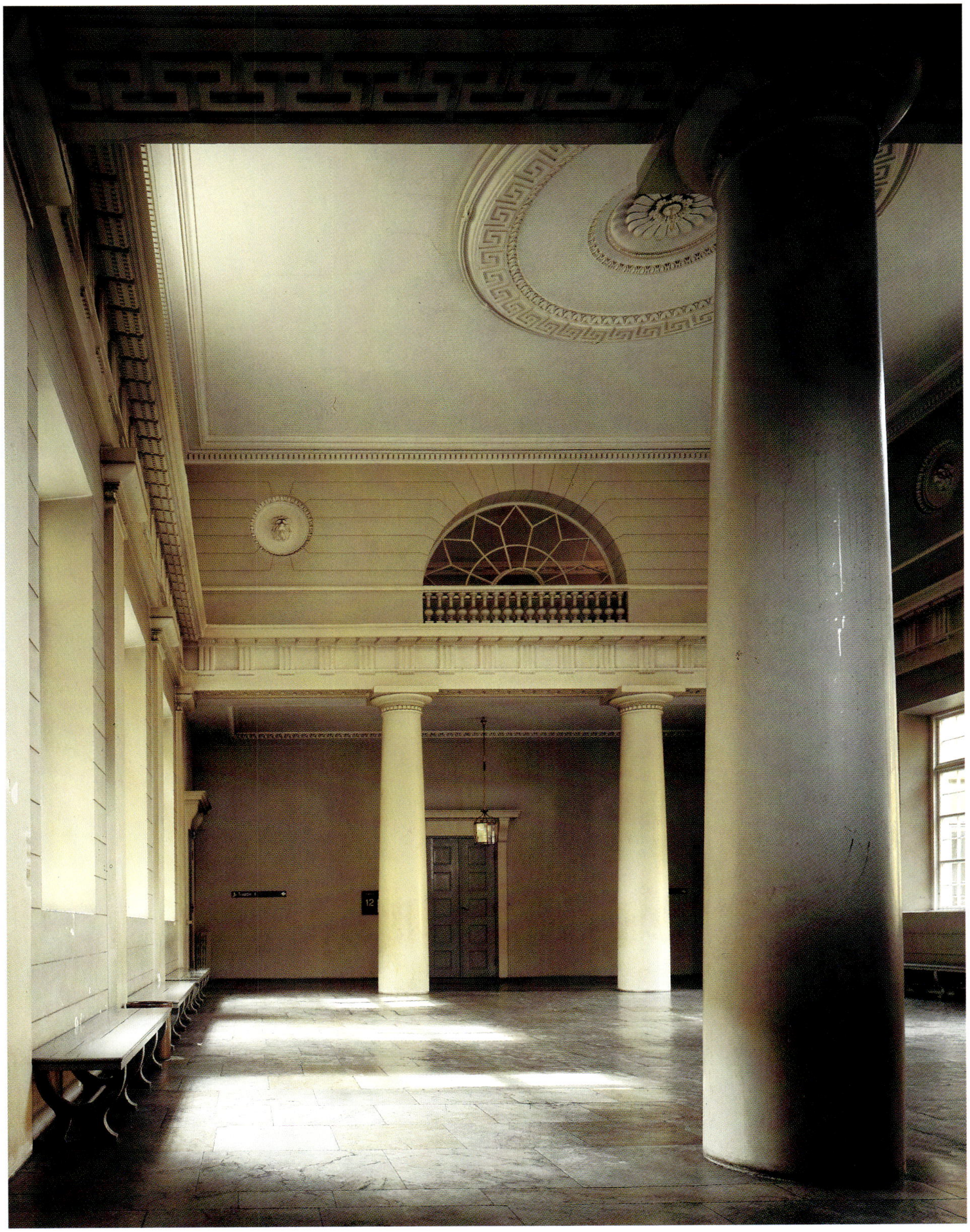

SANKT ANNÆ PLADS 1-3

Fondsbørsvekselerer Rued Jørgensen, Sankt Annæ Plads 1-3. Huset er en fritliggende italiensk renæssancebygning fra 1850. Husets arkitekt var G.F. Hetsch; men han fik ikke lov at fuldføre byggeriet, da han ragede uklar med bygherren grosserer Fibiger. I stedet blev det fuldført af P.C. Hagemann. Huset har fire etager, 7 fag til gaden og to små lave portbygninger i hver side.

Huset blev indrettet med herskabelige lejligheder, men det er den højre portbygning, vi her befinder os i. Portbygningen er netop genskabt efter de oprindelige facadetegninger fra 1847. Her er smukt hvidt og enkelt – og så er det selvfølgelig muligt at hoppe tørskoet ud af kareten, når den først er kommet indenfor i porten. Huset har gennemgået en omfattende restaurering i 1988.

STORE NORD, KGS. NYTORV

Store Nord, tidligere Store Nordiske Telegraf-Selskab, Kongens Nytorv 26, er fra 1890-94. Huset er tegnet af Emil Blichfeldt. Store Nordiske var flyttet til samme adresse 12 år før – i 1878, men fik hurtigt for lidt plads, så den gamle barokbygning på grunden røg til fordel for dette lidt prangende, rigt udstyrede, men også ganske festlige hus. Det var C.F. Tietgen, der ønskede et præsentabelt hus midt i byen. Så indgangsrummet fra torvet og den store trappe fik ikke for lidt pynt. Forrummet er ganske forgyldt, og trappeopgangen stort anlagt, og heldigvis i dag meget fint bevaret.

HANDELSHØJSKOLEN, FREDERIKSBERG

Københavns nye Handelshøjskole – med adgang fra Dalgas Boulevard og Nordre Fasanvej – er tegnet af arkitekt Henning Larsen, og er en af perlerne i den allernyeste københavnske arkitektur. Lyst, venligt og umådelig elegant i al sin enkelhed. Der er tale om et skoleprojekt på 27000 kvadratmeter med et tilhørende institutions- og boligbyggeri.

Hovedfarven er hvid i det store, symmetrisk anlagte byggeri, og indendørs leges med sarte pastelfarver som lyseblåt og grønt. Gulvene er mange steder mønsterlagte fliser. Slægtskabet med Henning Larsens berømmede udenrigsministerielle bygning i Riyad i Saudi Arabien er tydeligt.

SALE OG RUM

RIDEHUSET, CHRISTIANSBORG

Ridehuset i den nordre del af Christiansborgs ridebaneanlæg er fra det første Christiansborg, Christian den Sjettes Christiansborg, opført af E.D. Häusser. Ridehuset stod færdigt 1742 og er stort set uforandret den dag i dag. Det store ridehus anvendes desværre kun meget lidt i dag, fordi flere omkringboende har klaget over lugten af heste, og hvad dermed følger. For nylig blev ridehuset med succes anvendt som teaterrum. Der er tilskuergalleri hele vejen rundt – og kongens lukkede loge sidder for enden under Christian den Sjettes forgyldte, kronede spejlmonogram. En sjældenhed i København, at et snart 250 år gammelt hus stadig fungerer som det, det blev bygget til. De tilstødende stalde er i dag indrettet som De kongelige Staldes karetmuseum, og her står også enkelte levende heste.

RIDDERSALEN, CHRISTIANSBORG

Riddersalen på Christiansborg er et sandt overflødighedshorn – nogen tør endda kalde den en kæmpemæssig konditorkage. Den er det rum, der blev sidst færdigt på det 3. Christiansborg, opført af Thorvald Jørgensen. Byggeriet startede 1907; de kongelige repræsentationslokaler blev indviet 1928. Og det er ind i det største af de rum, vi her kikker: 40 meter langt, 14 meter bredt, 10 meter til loftet. Hovedparten af gulvet er fra den store, gamle bibliotekssal i det tidligere kongelige bibliotek, nu Rigsarkivet. Gobelinerne på væggene er vævet mellem 1684 og 1693. Himmeltegnene langs balkonerne er nye, malet af Axel Hou. Det er i det rum, under loftsmalerierne af Kræsten Iversen, Dronningen holder nytårskur og større aftenselskaber.

ERICHSENS PALÆ, HOLMENS KANAL

Handelsbanken, Erichsens Palæ, Holmens Kanal 2. Erichsens Palæ er bygget i 1797-99 til den velhavende handelsmand Erich Erichsen, tegnet af C.F. Harsdorff. Huset er så rigt og overdådigt udstyret, at det uden sammenligning er et af periodens fineste og heldigvis bedst bevarede huse. Selve de indvendige udsmykninger blev forestået af den franske arkitekt J.J. Ramèe. Men de fine rum har senere været hårdt truet, blandt andet midt i forrige århundrede, hvor de fungerede som værksteder for snedkere, stolemagere, malere og billedskærere. Heldigvis overtog Kjøbenhavns Handelsbank (den senere Handelsbanken) huset i 1888 og fik det efterhånden sat tip-top i stand under ledelse af arkitekt F.L. Levy. I dag fungerer de fine, gamle rum udelukkende som mødelokaler og repræsentationslokaler.

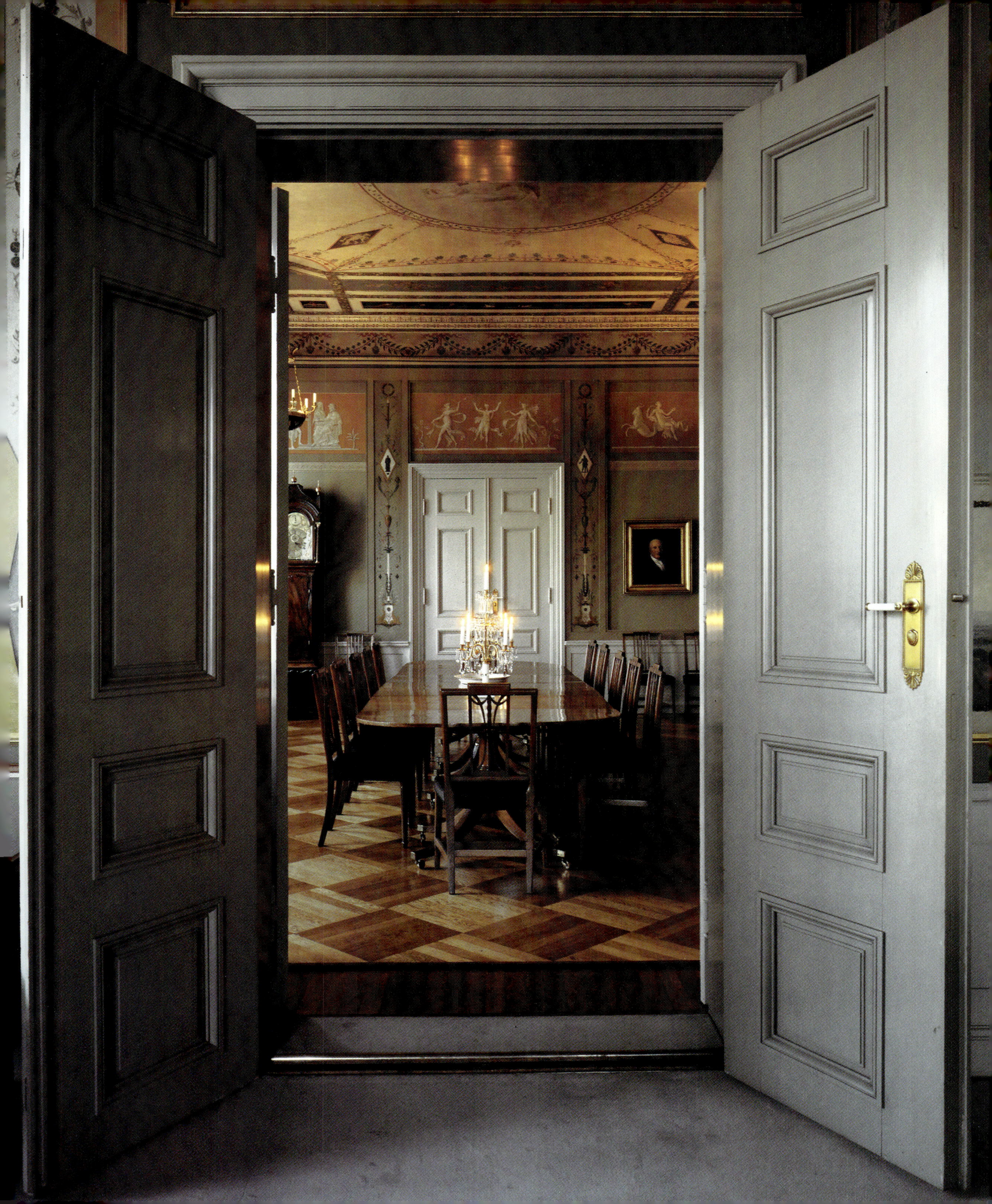

ODD-FELLOW PALÆET, BREDGADE

Odd-Fellow Palæet, Det Berckentinske Palæ, Bredgade 28 er fra 1751-55. Huset er opført af Johann Gottfried Rosenberg, muligvis var Frederiksstadens arkitekt Eigtved indblandet. I 1900 blev huset overtaget af Odd-Fellow ordenen, og siden har det været brugt bl.a. som koncerthus og restaurant. Og det er selvfølgelig rundt omkring gået lidt hårdt ud over det gamle palæ, som undervejs er blevet bygget noget om. Men der er stadig som her fine rum tilbage. Også forhallen er i princippet bevaret.

CHARLOTTENBORG, KGS. NYTORV

Charlottenborg på Kongens Nytorv er bygget til Ulrik Frederik Gyldenløve mellem 1672 og 1683. Arkitekten var hollænderen Evert Janssen. Navnet Charlottenborg stammer fra enkedronning Charlotte Amalie, der overtog slottet i 1700. I 1754 blev slottet gjort til kunstakademi, og i dag uddannes her stadig arkitekter, malere, grafikere og billedhuggere. Slottet havde have ned mod havnen, en have, der senere blev Københavns første botaniske have. Siden blev her bygget, bl.a. udstillingsbygningen (side 92) med bibliotek. Kuppelsalen ligger over portbygningen ned mod udstillingsbygningen i det oprindelige byggeris havefløj, og rummet er noget af det bedst bevarede på slottet; loftet er originalt. Der kommer lys fra loftet og fra vinduer i de to af siderne.

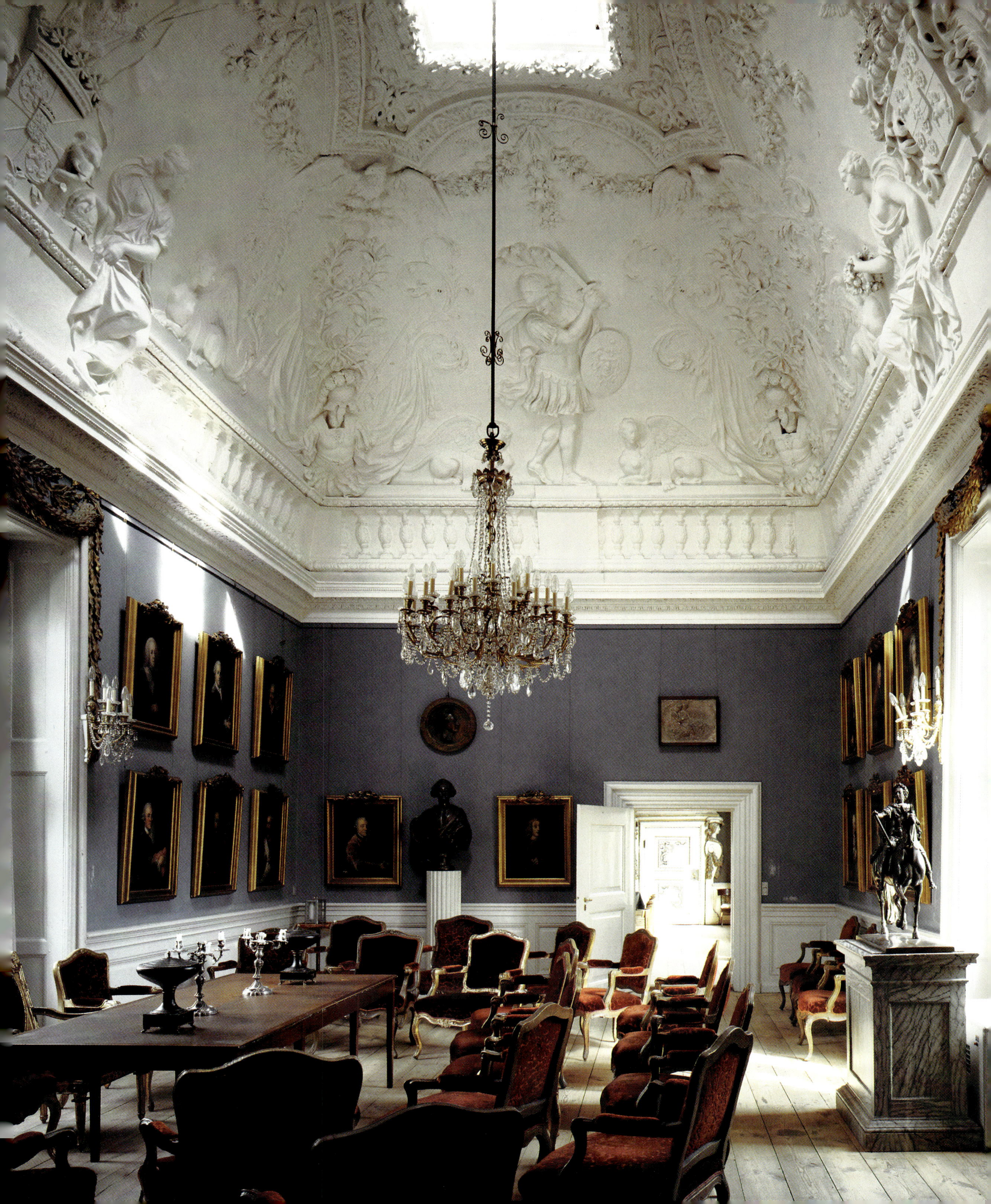

DET WÜTTEMBERGSKE PALÆ, SLOTSHOLMSGADE

Forsvarsministeriet, Det Wüttembergske Palæ, Slotsholmsgade 10 er opført 1741-42; senere hed det Lerches Gaard. Huset er opført til prins og senere hertug Carl Christian Erdmann af Wüttemberg-Oels, og er bygget af Adam Johan Soherr. Efter at have været privatpalæ, blev huset i løbet af 1800-tallet brugt til forskellige administrative formål. Her boede blandt andet fra 1848 Kultusministeriet, det vil sige Kirke- og Undervisningsministeriet. I 1865 blev huset Marineministerium, og samtidig indrettedes palæets tidligere spisestue som ministerkontor. Det er stadig forsvarsministerens kontor. Alt er holdt i lyse, lette farver med forgyldt stukkatur, og rummet har 4 store, smukke vægmalerier fra omkring 1750 udført af den italienske teatermaler Jacopo Fabris. Rummet er et af landets mest pompøse ministerkontorer.

GREVINDE DANNERS PALÆ, NY VESTERGADE

Grevinde Danners Palæ, nu Dansk Arbejdsgiver-forening, Ny Vestergade 13, er fra 1792--93. Arkitekten kendes ikke. Huset bærer navnet Grevinde Danners Palæ, fordi den navnkundige grevinde købte palæet i 1865 efter Frederik den Syvendes død. Hun blev nemlig vist bort fra Christiansborg. Grevinde Danner boede i lejligheden her på 1. sal og i det tilsvarende sidehus og baghus. I forvejen var lejligheden så rigt udstyret, som den også fremtræder i dag. Den er udsmykket i 1857 af Georg Hilker, som vi også har mødt på Universitetet. Constantin Hansen og P.C. Skovgaard har også samtidig dekoreret væggene. I mange år var lejligheden sagførerkontor, men i 1974 overtog Dansk Arbejdsgiverforening huset og totalrenoverede 1. salslejligheden med hjælp fra genboen Nationalmuseet. Men i 1986 blev lejligheden brandhærget, og man måtte begynde helt forfra igen. Det tog 2 år endnu en gang og kostede 12 millioner kr. I dag anvendes lejligheden til møder og repræsentation.

DET BERNSTORFFSKE PALÆ, BREDGADE

Baltica, Det Bernstorffske Palæ, Bredgade 40. Palæet stod færdig i 1755 opført til greve Johan Hartvig Ernst Bernstorff. Han var 5 år før blevet kaldt hjem fra Paris, hvor han var gesandt, for at blive udenrigsminister. Og så skulle ministeren jo bo ordentligt – i et palæ magen til Dehns Palæ (side 49) på den anden side af Frederiksgade. Arkitekten Johann Gottfried Rosenberg opførte også dette palæ.

Huset blev selvfølgelig rigt udstyret. Specielt denne sal, Gobelinsalen, der i dag bruges til møder og repræsentation, blev udstyret med den fineste rokoko. Væggene var beklædt med originale gobeliner fra Beauvais, men gobelinerne og næsten alt andet fra salen blev solgt i 1904. Gobelinerne er siden havnet i USA, og er nu testamenteret til Metropolitan Museet i New York, så de kommer desværre aldrig på plads igen.

GUSTMEYERS GAARD, VED STRANDEN

Mc Kinsey og Co., Gustmeyers Gaard, Ved Stranden 14. Huset er opført 1796-97, som endnu et af Københavns mange palæer. Huset er bygget til konsul Frederik Ludolf Gustmeyer, der var en stor handelsmand.

Facaden har to høje joniske søjler. Huset er tegnet af murermester J.M. Quist. Her på 2. sal indrettede arkitekten Hans J. Holm i 1874 denne smukke musiksalon. Den blev skabt for ejeren D.B. Adler, der var politiker. På facaden kan man læse, at atomfysikeren Niels Bohr blev født i huset. De senere år har Gustmeyers Gaard ført en omtumlet tilværelse, bl.a. som domicil for den krakkede Kronebanken, men nu ejes den af marketingfirmaet Mc Kinsey, der for få år siden fik den sat gennemgribende i stand, forestået af arkitekt David Bretton-Meyer.

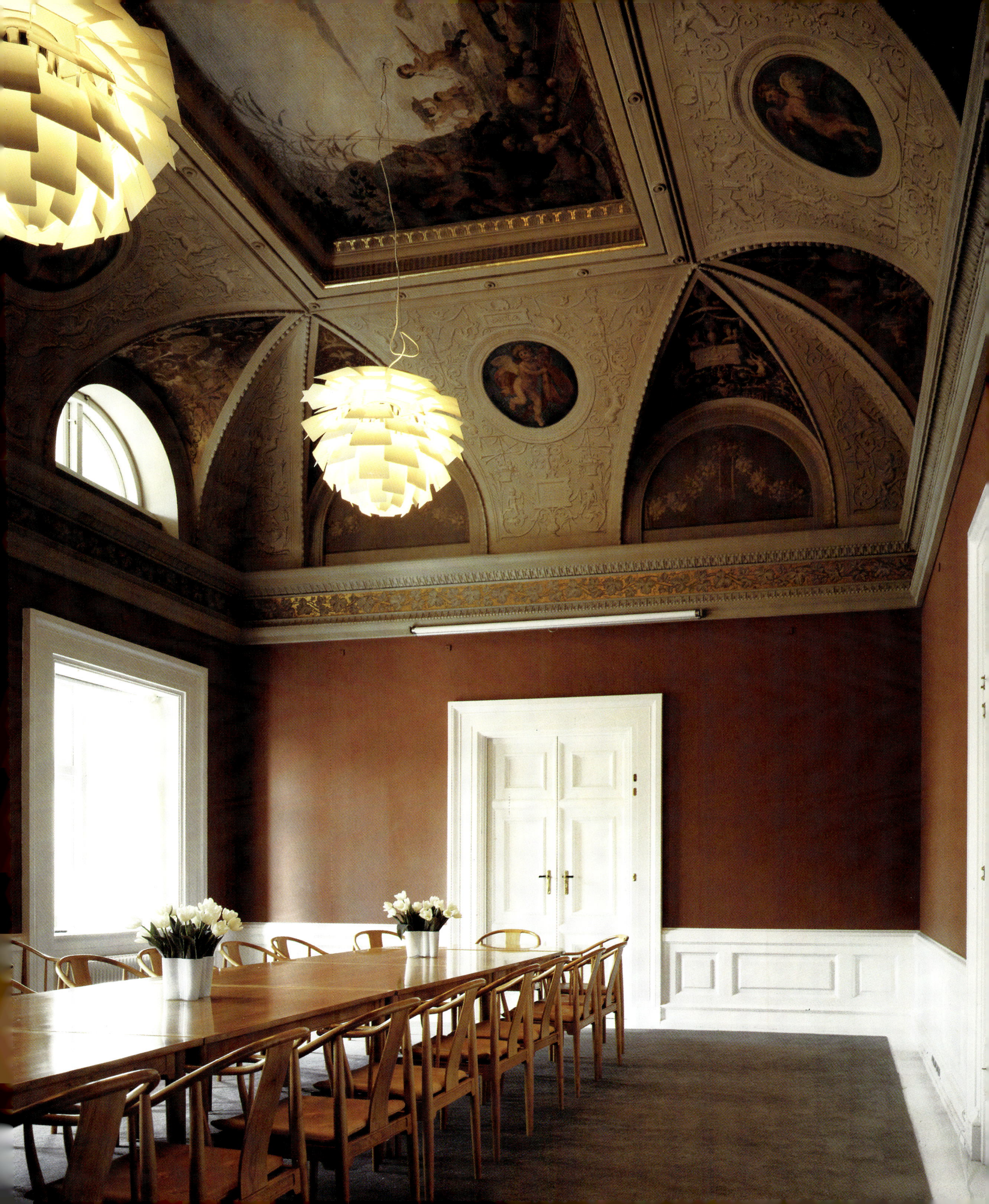

ABILDGAARD-HUSET, NYTORV

Provinsbanken, Nytorv 5. Huset er opført 1799-1803 til Hartvig Frisch, direktør for den grønlandske handel og justitsråd. Maleren N.A. Abildgaard tegnede huset. Han dekorerede også hele førstesalen med motiver om tyrannens fald fra Voltaires tragedie »Le Triumvirat«.

Men en senere ejer, vinhandler Lorentzen, brød sig ikke om de vægdekorationer, så han lod dem overmale. Først i 1987, da den nuværende ejer, Provinsbanken, ville lade huset restaurere, fandt eksperter spor af de gamle Abildgaard-billeder, som alle havde glemt alt om i mellemtiden. Nu er de altså kommet til ære og værdighed igen. Til fryd for de få, der måtte have et ærinde på førstesalen. Her er nemlig kontor for bankens direktør, så der er ikke almen adgang.

DE BERLINGSKE STUER, PILESTRÆDE

De Berlingske Stuer, Berlingske Tidende, Pilestræde 34. Huset er fra 1741, og få år efter – i 1765 – flyttede familien Berling ind. Stuerne omfatter 3 rum: en lille sal og to mindre rum. Stukken i rummene er original, men paneludsmykningerne er fra ca. 1800. Eksperter regner med, at professor N.A. Abildgaards elever har stået for dem.

For få år siden blev de tre rum grundigt restaureret – efter at have været anvendt som kontorer i en årrække. Nu anvendes de til repræsentative formål.

Helt frem til 1871 var rummene privathjem for den Berlingske familie. I salen står Bissens buste af kammerherre Berling.

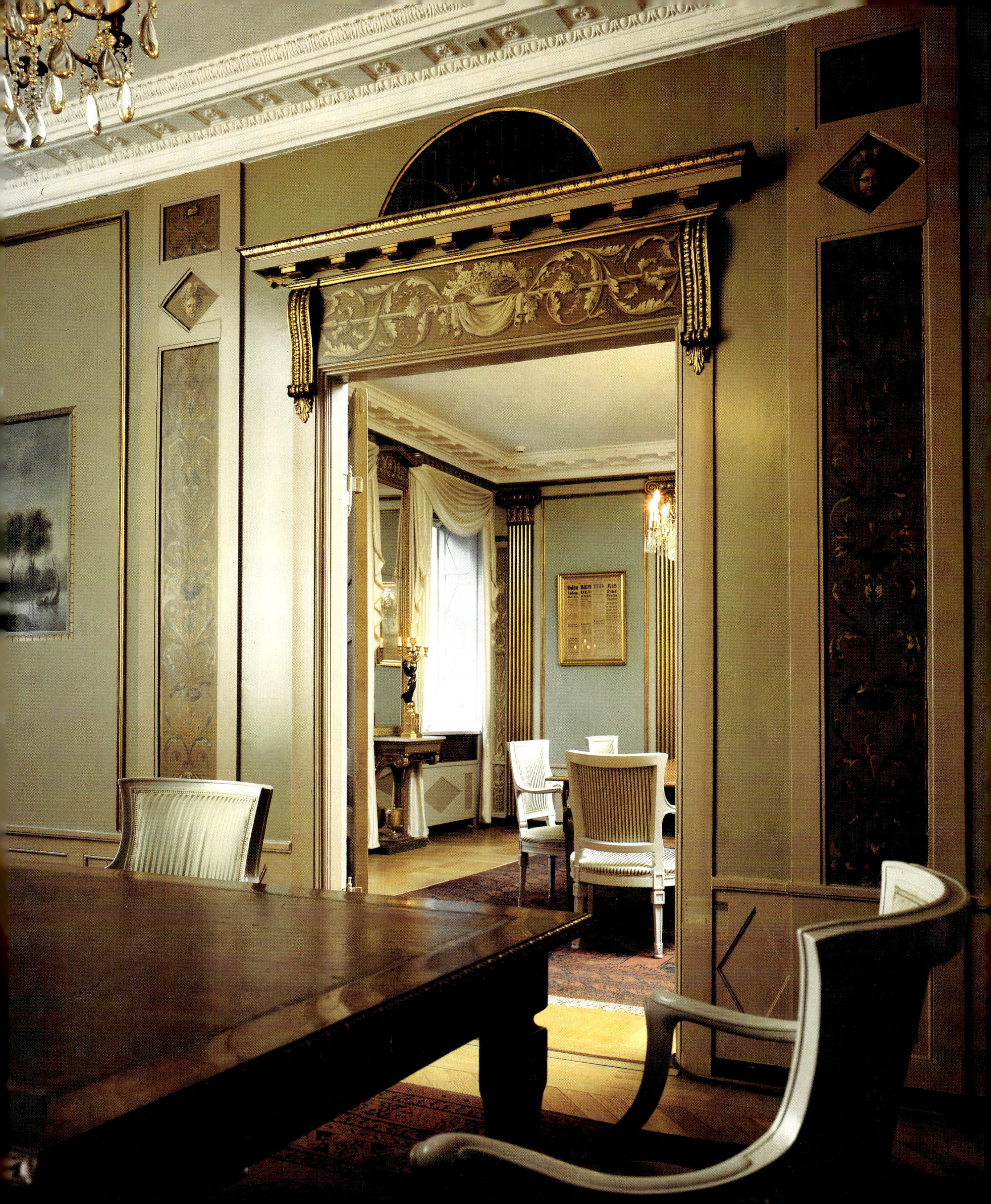

DANMARKS REDERIFORENING, AMALIEGADE

Danmarks Rederiforening, Amaliegade 33, er fra 1920-22. Arkitekten var Emanuel Monberg og bygherren var Dansk Dampskibsrederiforening, den nuværende Danmarks Rederiforening. Det blev et flot hus med de sidste rester af neoklassicismen, lidt stift, men rent i linjerne og et hus med fine materialer; trappegang og mange rum vidner om det. En del er ændret siden, men i hovedrummet her, »Store sal« på førstesalen ud mod gaden, er der ikke rørt meget ved siden 1922. Det samme gælder husets lille eventyrlige elevator, der næsten er en miniudgave af dette rum – med en stol magen til i øvrigt (se titelbladet). Det store bord har plads til 36; alle stole er ens og er også tegnet af arkitekt Monberg. Virkelig et møderum af de mere pompøse. I dag bruges det til generalforsamlinger og receptioner. Rummet foran er en slags hall – i stil med forrige århundredes engelske klubber. Og det tilliggende toilet er uforligneligt.

DET KONGELIGE DANSKE VIDENSKABERNES SELSKAB, H.C. ANDERSENS BOULEVARD

Carlsbergfondet og Det Kongelige Danske Videnskabernes Selskab, H.C. Andersens Boulevard 35. Huset er fra 1894-98 og er tegnet af Vilh. Petersen. Det var stifteren af Carlsbergfondet, brygger J.C. Jacobsen, der havde besluttet at lade huset opføre som fondets bygning og med plads til Videnskabernes Selskab i meget luksuriøse omgivelser, og ud i al fremtid. Videnskabernes Selskab er stiftet i 1742. På førstesalen er de store møderum; mest berømt er det største med P.S. Krøyers maleri »Et møde i Videnskabernes Selskab« malet 1895-97. Rummet, vi ser her, er naborummet, hjørnerummet, der kaldes »Klasseværelset«. Videnskabernes Selskab har flere såkaldte klasser eller opdelinger, deraf navnet. Alt i huset er velholdt i en grad, som man faktisk ikke ser andre steder. Ja, så skulle det da lige være i Davids Samling. Men helt usædvanligt er det.

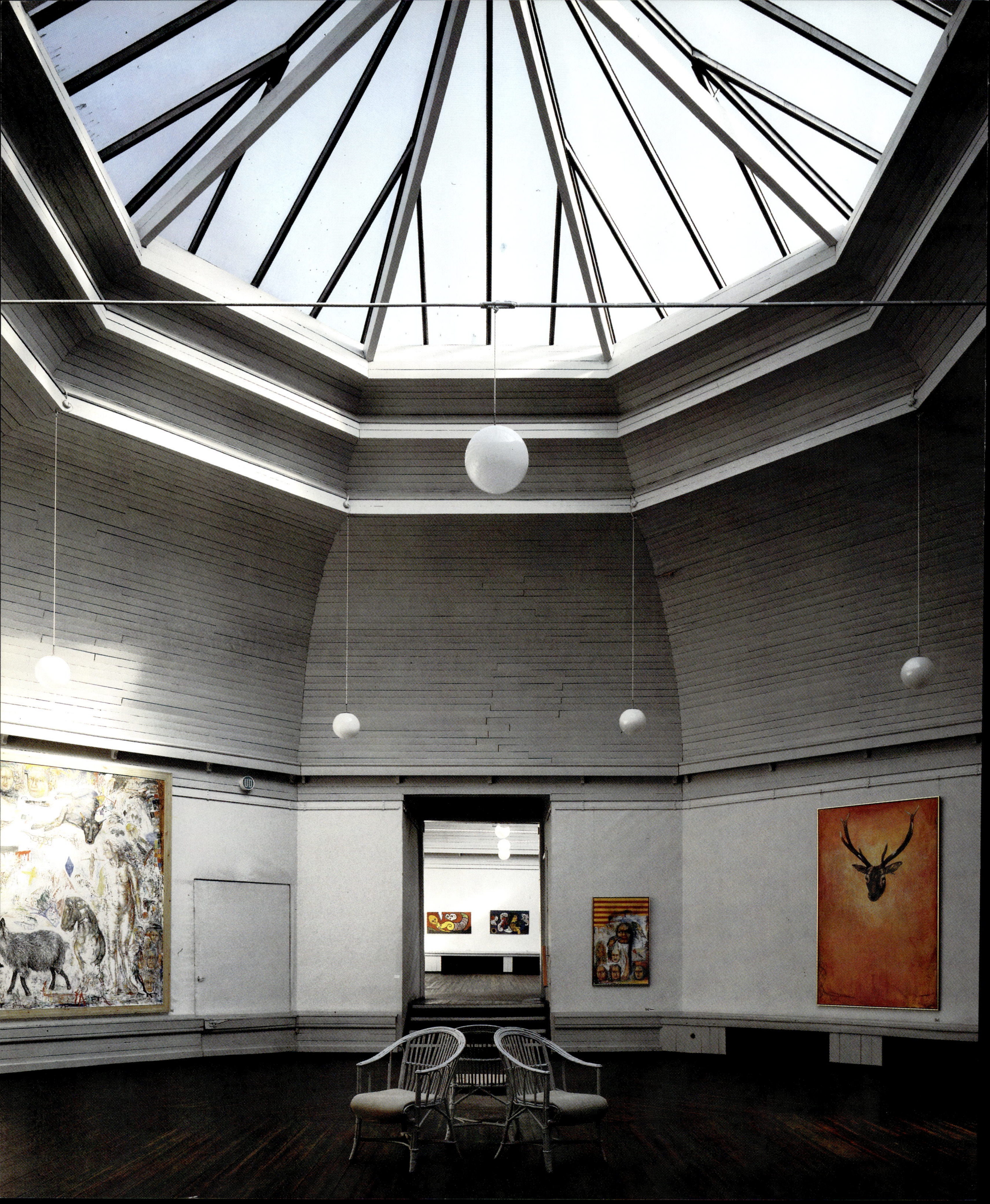

DEN FRIE, OSLO PLADS

Den Fries udstillingsbygning, Oslo Plads, er et af Københavns dejligste huse, åbent, lyst og venligt og med et herligt klima. Det er nemlig et træhus, i øvrigt et hus, der ikke var tænkt til at skulle stå ret længe, men nu alligevel har overlevet siden indvielsen i 1898. Dengang stod udstillingsbygningen i nærheden af det nuværende Paladsteater ved Vesterport, men i 1913-14 blev den flyttet til sin nuværende plads her på Østerbro. Huset er tegnet af maleren J.F. Willumsen og er genialt tænkt. Ingen andre af byens udstillingshuse fungerer tilnærmelsesvis så godt som dette. Historien bag huset – og bag navnet – var løsrivelse fra det etablerede kunstliv. I mellemtiden er det gået Den Frie, som det jo måtte gå, at den selv er blevet en del af det etablerede; men en god del. Rummet her er et af bygningens smukkeste med et pragtfuldt ovenlys.

POLITIGÅRDEN, POLITITORVET

Politigården på Polititorvet stod færdig 1924. Det store hus med den runde indre gård er tegnet af professor Hack Kampmann. Men da Kampmann døde før grundstenen blev lagt, videreførte 4 andre arkitekter arbejdet. Huset er bygget op med en streng symbolik. Parolesalen, vi ser her, ligger på førstesal næsten midt bag facaden mod selve Polititorvet – lige ved siden af politidirektørens kontor. Parolesalen har et 8 meter langt egetræsbord og en stram, brun sleben marmorstukkatur i både loft og på vægge. Der er to kaminer i den ene ende af rummet og gråsort marmorgulv. Altså umiddelbart et mørkt og dystert rum, men alligevel flot og meget specielt. I dag fungerer det som mødelokale. Det bruges til receptioner, og det fungerer som Politigårdens bibliotek, hvorved en del af væggene så desværre dækkes af reoler.

NORDISK FILM, MOSEDALVEJ

Nordisk Film, Mosedalvej i Valby er Verdens ældste, fungerende filmselskab. Selskabet har altid holdt til på den hyggelige, ydmyge grund i det centrale Valby – midt i Valbys landsby. Selskabet er grundlagt i 1906. Grundlæggeren Ole Olsen gjorde hurtigt karriere, og i filmkompagniets storhedstid fra 1911-1916 var der 1700 ansatte. Ole Olsen var filmkonge og internationalt kendt. De første studier står her stadig – her er vi i det ældste fungerende: Scene 2. Det blev opført 1906 og ser i dag ud som dengang. Omkring 1980 blev scenen sat totalt i stand. I dag er grunden på Mosedalvej tæt bebygget, fordi Nordisk Film hele tiden påtager sig nye opgaver og bl.a. nu også laver TV.

BISPEBJERG HOSPITAL, BISPEBJERG BAKKE

Bispebjerg Hospital, Bade- og Massageklinikken, Bispebjerg Bakke. Hospitalet er opført af den store rådhusarkitekt Martin Nyrop – efter et oplæg fra stadsarkitekt Fenger. Hospitalet blev til mellem 1908 og 1913. Bade- og massageklinikken, som vi her ser ind i, er fra 1912 og nok noget af det mest interessante på hospitalet. Ovenpå er der en åben solgård, nedenunder bl.a. dette lille fine massage- og gymnastikrum med 4 søjler og smukt ovenlys oppe fra solgårdens midte. Rummet anvendes stadig til samme formål som i 1912 – men behandlingsmetoderne og hjælpemidlerne har jo undergået visse forandringer i mellemtiden.

Der er heldigvis passet godt på de væsentligste dele af rummet.

ABRAHAM LEHNS GÅRD, STRANDGADE

Dansk Forfatterforening, Abraham Lehns Gård, også kaldet Tordenskjolds Gård, Strandgade 6. Huset er dateret 1703, men er i virkeligheden endnu ældre. Vinhandler Abraham Lehn overtog det ældre hus omkring 1700 og byggede det noget om, så det nye hus stod færdigt 1703. I 1857 blev der bygget om igen. Salen her og det tilstødende kabinet står, som da Abraham Lehn lod det indrette i 1703. De imponerende baroklofter danner rammen om hofmaler Hendrik Krocks store maleri. Han har også malet de fem store vægmalerier med religiøse motiver – fortalt over patriarken Abrahams historie. Tordenskjold boede i huset fra 1719-1720, derfor også navnet Tordenskjolds Gård. Siden har Strandgade 6 blandt andet og indtil for få år siden fungeret som udlejningshus, sidst har lejligheden her været privatbolig for en af hovedstadens museumsinspektører. I dag er Dansk Forfatterforening lejer i huset og bruger rummene til møder og andre arrangementer.

BIBLIOTEKER

RIGSARKIVET, RIGSDAGSGÅRDEN

Harsdorffsalen, Rigsarkivet, Rigsdagsgården 9. Harsdorffsalen er fra 1781-85 og er bygget som en udvidelse af det tidligere kongelige biblioteks store gamle bibliotekssal. Nu er huset ikke længere kgl. bibliotek, men Rigsarkiv, og Harsdorffsalen fungerer som arkivets bibliotek og som foredragssal. Det er en pragtfuld bibliotekssal, næsten uændret siden 1785.

Navnet kommer selvfølgelig fra arkitekt Harsdorff, men er i virkeligheden helt misvisende, da Harsdorff intet har haft med rummet at gøre. Det er bygget af en af hans elever, C.J. Zuber. Rygter om, at søjlerne stammer andre steder fra, er falske, de er lavet specielt til det rum. Gulvet er også originalt, pommersk fyr.

DET CLASSENSKE BIBLIOTEK, AMALIEGADE

Det Classenske Bibliotek, Amaliegade 38. Biblioteksbygningen stod færdig i 1797 og var selvstændigt bibliotek til 1868, da det blev lagt sammen med Universitetsbiblioteket. Generalmajor og storindustrimand Johann Friedrich Classen døde i 1792 og efterlod sig en stor formue. Resultaterne blev et fond – Det Classenske Fideikommis og Det Classenske Bibliotek. J.F. Classen efterlod sig en betydelig bogsamling, der blev grundstammen i biblioteket.

Classens yngre bror skitserede selv bygningen, og det store biblioteksrum blev yderst vellykket med gallerier på kun den ene langvæg og de to endevægge. Den anden langvæg lukker et herligt lys ind gennem 7 høje vinduer. Biblioteket er for nylig sat respektfuldt og smukt i stand.

UNIVERSITETSBIBLIOTEKET, FIOLSTRÆDE

Universitetsbiblioteket, Københavns Universitet, Fiolstræde 1. Det er ikke en katedral, som man umiddelbart kunne tro, men selvfølgelig kaldes rummet også »Bøgernes Katedral«. Huset stod færdigt 1861, opført af J.D. Herholdt, der også byggede den nu nedrevne Nationalbank. Vi er her inde i en støbejernskonstruktion med præfabrikerede søjler og dragere og et loft af sammennittede jernplader. De høje reoler er oprindelige; senere er der kommet lidt lavere reoler imellem, men alligevel er hovedindtrykket af rummet meget lig det, man kunne se i 1861. Herholdt har skelet ikke så lidt til norditalienernes leg med teglsten og har her ført legen med til Danmark. Universitetsbiblioteket her, som er direkte nabo til universitetet, huser de humanistiske bogsamlinger.

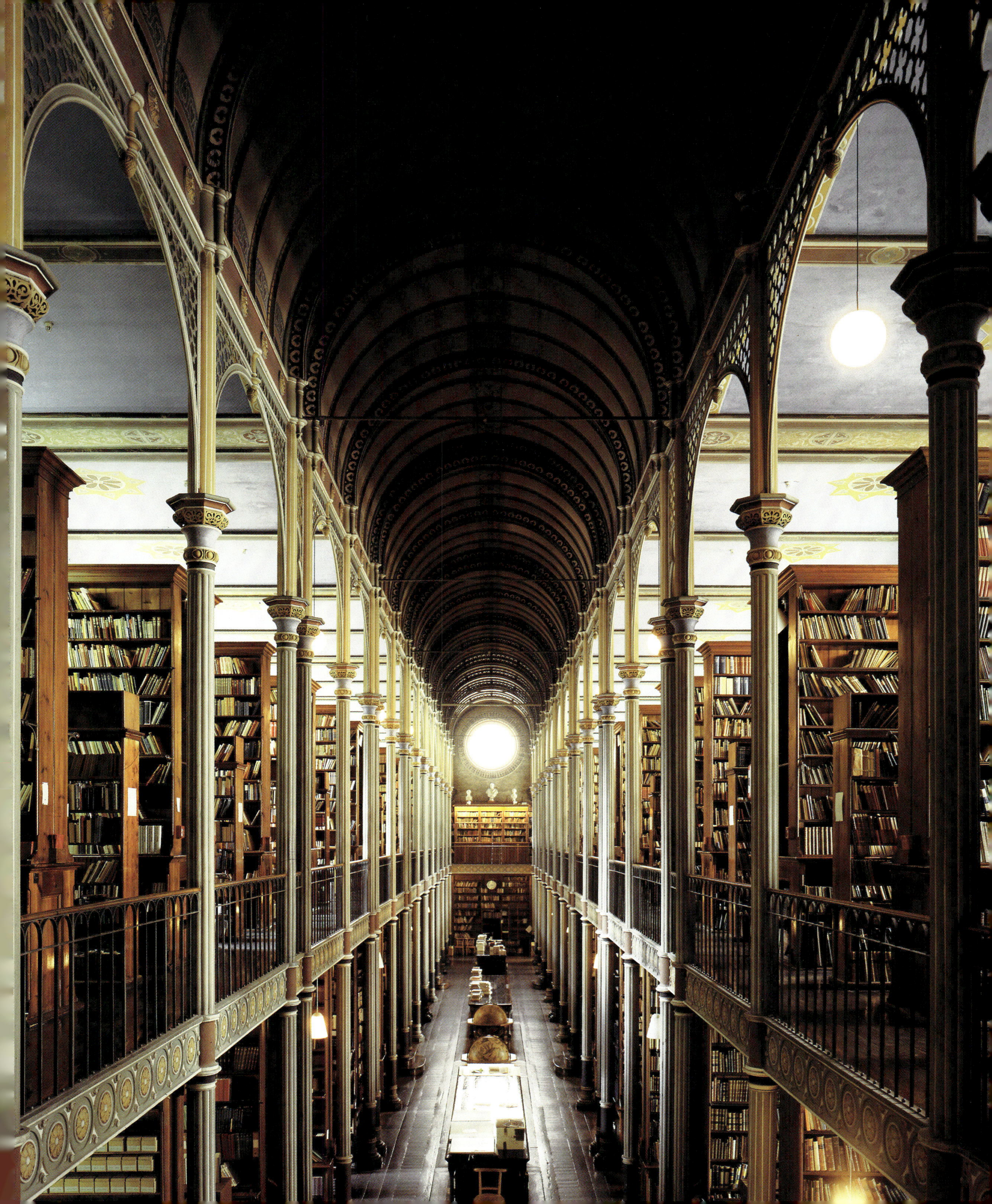

KUNSTAKADEMIETS BIBLIOTEK, CHARLOTTENBORG

Kunstakademiets Bibliotek i Udstillingsbygningen ved Charlottenborg på Kongens Nytorv er Danmarks hovedbibliotek for kunst og arkitektur. Udstillingsbygningens højre fløj er bibliotek og rummer også Samlingen af Arkitekturtegninger. Huset er opført i den gamle botaniske have, der hørte til Charlottenborg. Arkitekterne var Ferdinand Meldahl og Albert Jensen.

Udstillingsbygningen er fra 1883, og samtidig åbnede biblioteket, der hidtil havde levet under mere trange kår. En væsentlig del af den oprindelige bogbestand stammer fra maleren Nicolaj Abildgaards private bogsamling. Biblioteksalen, vi ser her, og de øvrige rum i denne fløj er heldigvis sluppet for den urimelige og hårdhændede behandling, som resten af udstillingsbygningen har fået. Specielt var det helt tåbeligt at nedrive den store smukke trappe.

DET KONGELIGE BIBLIOTEK, CHRISTIANS BRYGGE

Det kongelige Bibliotek, Christians Brygge 8. Den nuværende bygning stod færdig 1906, og biblioteket flyttede da fra sine hidtidige lokaler lige over for, det nuværende Rigsarkiv i Rigsdagsgården. Arkitekt var professor Hans J. Holm. Imellem Biblioteksbygningen og Rigsarkivet, omkranset af Proviantgården og af Tøjhusmuseet, ligger en af hovedstadens fineste parker: Bibliotekshaven, der er den gamle, opfyldte orlogshavn fra Chr. d. Fjerdes tid.

Læsesalen her er hovedrummet og har fået lov at overleve uden unødige forandringer, med respekt for rummets særlige karakter: et af Københavns mest stemningsfulde rum og altid med en behagelig ro og stille hvisken. Alle bør unde sig selv et besøg i dette pragtfulde lokale. Og biblioteket bør det offentlige unde midler, så rummet kan få en kærlig hånd. Det virker hist og her lettere udsultet.

RÅDHUSBIBLIOTEKET, RÅDHUSPLADSEN

Københavns kommunes Rådhusbibliotek, Rådhuset. Rådhuset er arkitekten Martin Nyrops hovedværk – opført 1893-1905. Kontorfløjen (side 2) og Rådhusbiblioteket her viser med al tydelighed, hvilken overflødigheds- og fantasiarkitektur, vi er i lag med. Det er virkelig kram og ordentlige materialer, der står lige så fint i dag som ved opførelsen. Enkelt og stramt er det ikke, men det er originalt og oplevelsesrigt, og man bliver aldrig færdig med at lede efter pudsige detaljer. Og så er det jo en fornøjelse, når man, som her, virkelig værner om interiøret. Se bare, hvor fint det er holdt. Bemærk også egetræsgalleriet med den udskårne baldakin øverst i baggrunden. Alt for få københavnere kender dette rum.

UNIVERSITETSBIBLIOTEK 2, NØRRE ALLÉ

Universitetsbiblioteket 2. afdeling, Nørre Allé 49. Universitetsbiblioteket på Nørre Allé stod færdigt i 1938, og først i foråret 1989 kunne man så indvie denne elegante tilbygning – tegnet af kgl. bygningsinspektør Nils Koppel. Hermed er dette hus sammen med Henning Larsens Handelshøjskole på Frederiksberg det allernyeste, der er med i denne bog. Det nye hus her føjer sig meget smukt til det gamle, tegnet af K. Varming. Det er lyst, let og indbydende. Reolkapaciteten er nu øget med 10 km – til i alt 24 km. Biblioteket her er Københavns Universitets natur- og lægevidenskabelige bibliotek.

MUSEER

NATIONALMUSEET, FREDERIKSHOLMS KANAL

Riddersalen, Prinsens Palæ, Frederiksholms Kanal 12. Prinsens Palæ er opført af hofarkitekt Nicolai Eigtved 1743-44 til kronprinseparret Frederik og Louise. De to måtte have en passende bolig i nærheden af kongeslottet. Det blev så dette hus, som den senere Frederik den Femte flyttede ind i sammen med sin Louise, men de boede her kun i to år. Der er tale om Danmarks første rokokopalæ efter fransk forbillede. I midten af forrige århundrede overgik palæet til staten, bl.a. blev det brugt til mødelokaler for Videnskabernes Selskab. Senere fik et par indflydelsesrige arkitekter den vilde idé at lave hovedbanegård her, men heldigvis blev palæet i stedet Nationalmuseum i 1892, og det har betydet, at bl.a. dette smukke, højloftede rum – Riddersalen – er bevaret helt uændret fra Eigtveds tid. I dag bruges Riddersalen som udstillingsrum.

ROSENBORG SLOT, ØSTER VOLDGADE

De danske kongers kronologiske Samling, Rosenborg Slot, Øster Voldgade 4 A. Christian den Fjerde påbegyndte sit smukke slotsbyggeri med et lille lystslot i 1606-07, og lystslottet er endnu den centrale del af Rosenborg. Vinterstuen, vi her kikker ind i, stod færdig i 1620. Billederne er en samlet bestilling udført i Antwerpen 1618.

Så det er noget af det gamle København, vi her er på besøg i.

De 95 billeder er placeret hele vejen rundt i rummet. Vinterstuens loft er fra 1705, udført af Pieter Isaacsz. Den centrale del af loftet har før været anbragt i rummet ovenover. Vi ser her et af slottets fineste rum, men gå endelig også på besøg i de andre rum.

BAKKEHUSET, RAHBEKS ALLÉ

Bakkehusmuseet, Rahbeks Allé 23. Huset menes at være fra lige før 1750. Oprindelig var her traktørsted, men huset blev berømt, fordi det fra 1798 til 1829 var hjem for det kendte ægtepar Rahbek: Det kgl. Teaters direktør, professor Knud Lyne Rahbek og Kamma Rahbek. Hjemmet blev hurtigt centrum for det litterære åndsliv. Tidens skønånder, digtere og videnskabsmænd kom i huset. Knud Lyne Rahbek boede i huset alene fra 1787. I 1798 flyttede hans kone ind, og i 1802 flyttede de ned i stueetagen i det, der i dag er museet i den hyggelige stribe af små fine stuer. Kamma Rahbek døde 1829, Knud Lyne Rahbek blev boende til sin død i 1830. I 1935 blev huset skænket til Frederiksberg kommune, og her blev så åbnet museum. Museets interiør er tidsmæssigt korrekt.

MEDICINSK-HISTORISK MUSEUM, BREDGADE

Det kongelige kirurgiske Akademi, Medicinsk-historisk Museum, Bredgade 62. Arkitekten Peter Meyn fik den opgave af Chirurgisk Academi i 1785 at bygge det nye akademi, og i 1787 stod huset færdigt. Kun de færreste kan udefra forestille sig, at der indendørs på første sal ligger dette pragtfulde auditorium stort set uændret gennem godt 200 år. Det er et smukt klassisk inspireret rum, bygget som et græsk amfiteater, med et kuppelhvælvet loft, tegnet med Pantheon som forbillede. Alle ser godt (selv om der er modlys) og hører godt fra de stejle bænkerader, og auditoriet bruges da også stadig til nogle af Universitetets forelæsninger og til doktordisputatser.

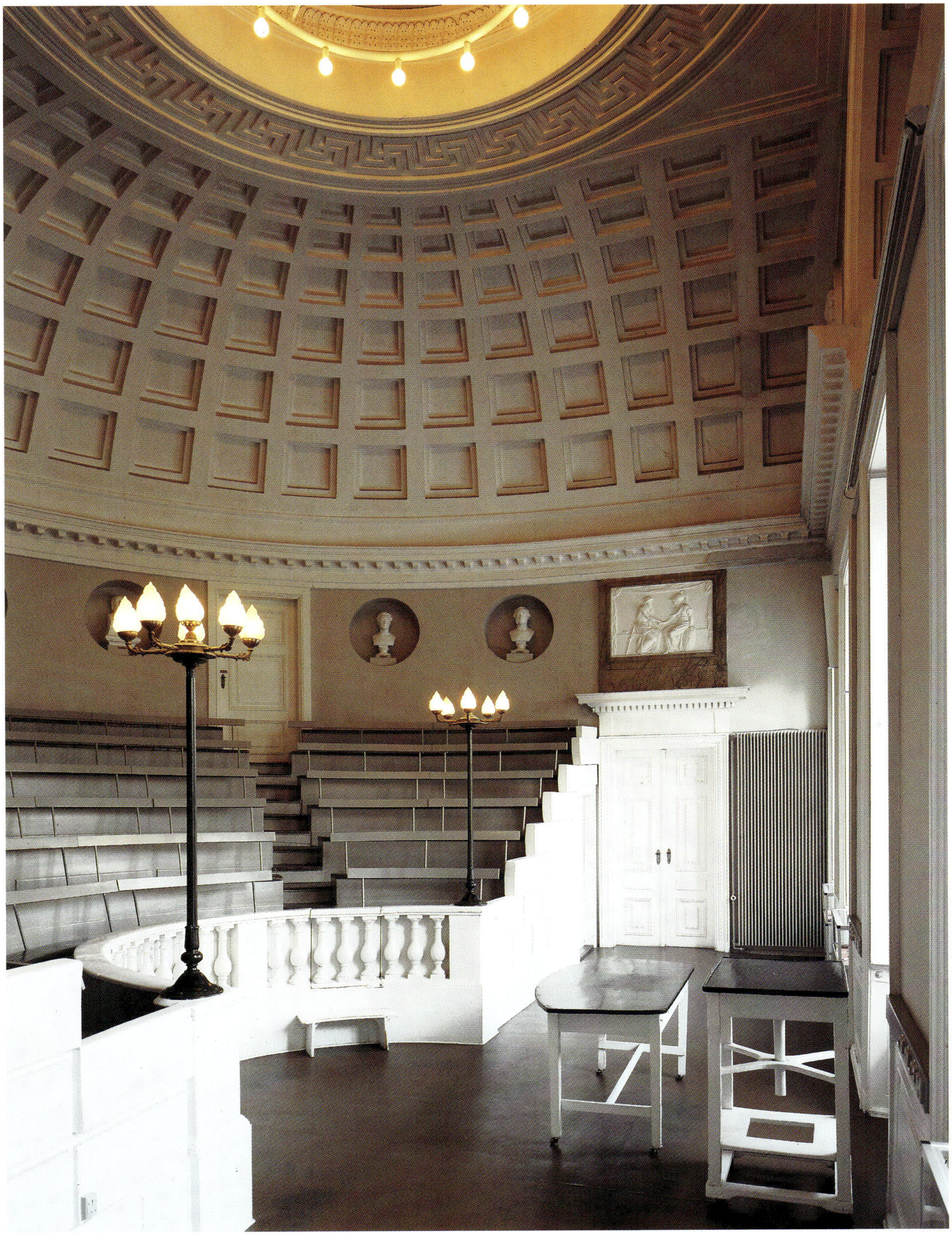

THORVALDSENS MUSEUM, PORTHUSGADE

Thorvaldsens Museum, Porthusgade 2. Museet åbnede i 1848 som museum for Thorvaldsens imponerende arbejder. Museet er tegnet af Gottlieb Bindesbøll og er indrettet i Christiansborgs tidligere vogngård, der blev ødelagt under slotsbranden i 1794. Thorvaldsen vendte hjem fra Rom i 1838 og flyttede ind i æresboligen på Kunstakademiet. Kongen og København tøvede nu ikke længere med at indrette et museum for ham, men Thorvaldsen døde i 1844, så han nåede kun at se huset under tag – ikke færdigindrettet. Museet er utrolig rigt og smukt udstyret. Rummene er forskellige, gulvene veksler fra rum til rum, det samme gør farverne. Man kan blive ved med at gå på opdagelse. Både efter skulpturer og efter rum. Se bare her, hvad der gemmer sig af småtum nede ad den lange smalle passage mellem rummene.

Jørgen Sonne har udført friserne på museets udvendige sider og dekorationerne i den indre gård, hvor Thorvaldsen selv ligger begravet.

DAVIDS SAMLING, KRONPRINSESSEGADE

Davids Samling, Kronprinsessegade 30, er byens ubetingede mest velholdte og nok rigest udstyrede museum. Huset er fra 1806-1807, bygget til den mere velstående del af borgerskabet. Den smukt svungne trappe er samtidig. Højesteretssagfører C.L. David købte ejendommen i 1918 og flyttede ind med sin store private samling af malerier, møbler, sølv og keramik. Arkitekterne Carl Petersen (Faaborg Museum) og Kaare Klint indrettede museumsrum i tagetagen, først i 1918-20, senere i 1928. Imens boede C.L. David selv på 2. sal, senere på 1. sal, da museet voksede. Nu er hele huset museum, økonomisk båret af Davids formue samlet i et velhavende fond, der sikrer, at samlingen og huset er så helt utrolig velholdt. Det blev Kaare Klint, der indrettede de smukke træbeklædte rum øverst oppe under taget. I sidehuset blev den smukke Keramiksal til, beklædt med oregon pine. Snedkerarbejdet er udført af Rud. Rasmussens Snedkerier. Kaare Klints forbillede har været biblioteksrummet i et engelsk herresæde.

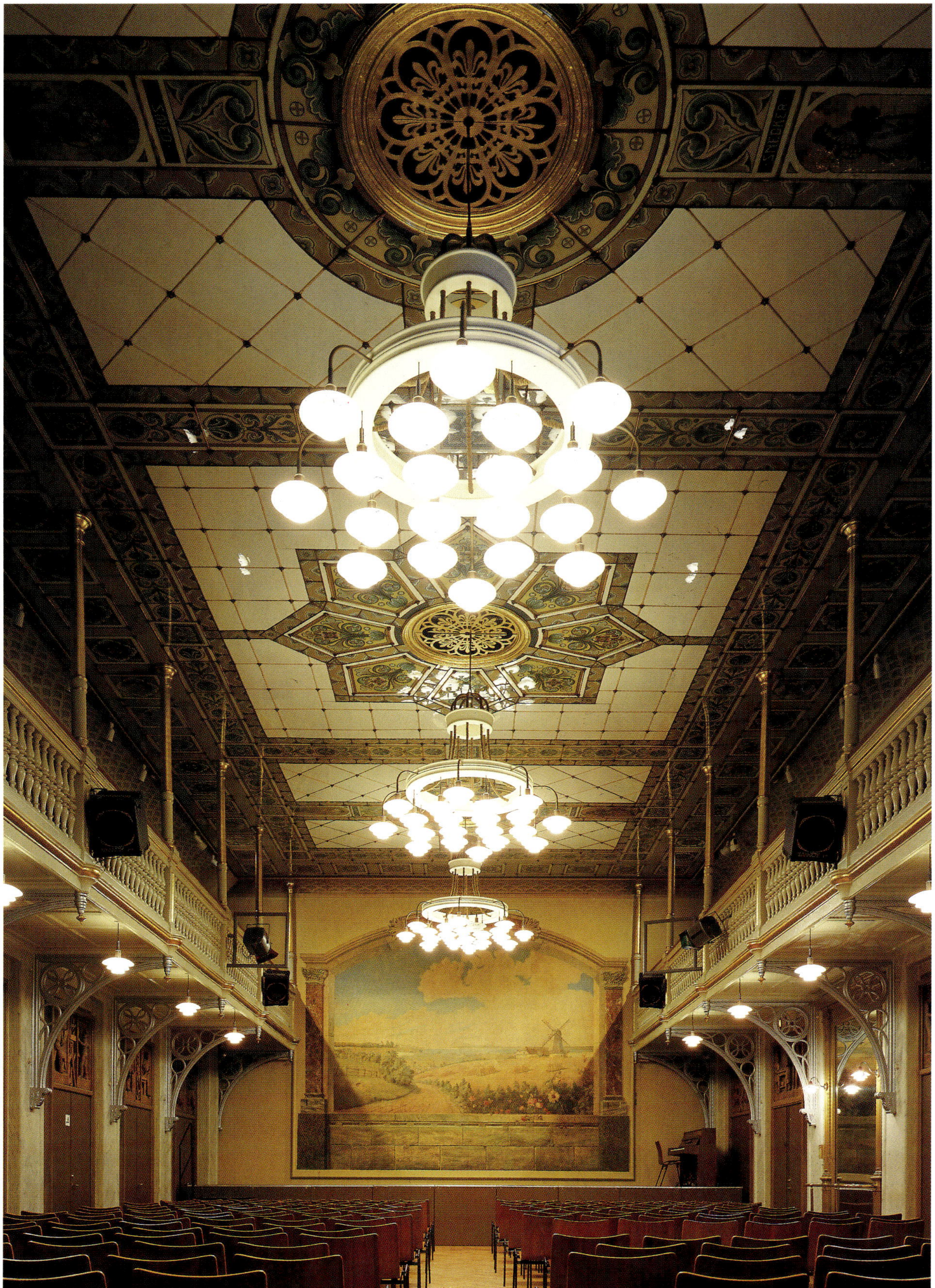

ARBEJDERMUSEET, RØMERSGADE

Arbejdermuseet, Festsalen, Rømersgade 22. Arbejdernes Forsamlingsbygning blev indviet i 1879. Det blev et hus med kontorer til fagforeninger, lejligheder, restaurant, selskabslokaler og så denne store, imponerende festsal, som jo ikke skulle stå tilbage for nogen af borgerskabets flotte rum. Arbejderne kunne skam også, fik de så vist ved den lejlighed. Salen er højloftet og har balkon på de tre sider, båret af støbejernsknægte. I 1913 blev salen udvidet og sidst sat gennemgribende i stand i 1984-85. I 1983 blev Arbejdermuseets bygning, og dermed festsalen, fredet som den første bygning med tilknytning til arbejderbevægelsens historie. PH-lamperne er kommet til i forbindelse med istandsættelsen, og der er tale om kopier.

DEN HIRSCHSPRUNGSKE SAMLING, STOCKHOLMSGADE

Den Hirschsprungske Samling, Stockholmsgade 2. Igen er en velhavende, behjertet kunstsamler manden bag et af byens væsentligste og dejligste huse. Tobaksfabrikant Heinrich Hirschsprung og fru Pauline havde samlet små 2000 kunstværker fra 1800-tallet. I 1902 underskrev de et gavebrev og testamenterede det hele til det offentlige, der så skulle passe samlingen og bygge et museum til den. Arkitekt H.B. Storck fik til opgave at tegne museet i Østre Anlæg lige bag Statens Museum for Kunst. Det stod færdigt i 1911. Vi ser her ind i den store sal til venstre for indgangen. Her hænger Skagens-malerne, først og fremmest den mere og mere folkekære P.S. Krøyer, der i øvrigt dengang blev økonomisk støttet af Hirschsprung-familien.

CARLSBERG MUSEUM, NY CARLSBERGVEJ

Carlsberg Museum, Carlsberg, Ny Carlsbergvej. Brygger Carl Jacobsen interesserede sig levende for kunst, og kun 2 år efter at han var flyttet ind på den gamle Bakkegård ved Valby Langgade – op til det store bryggeri – indviede han et glyptotek til sin kunstsamling. Glyptotek betyder museum for billedhuggerkunst. Offentligheden fik også adgang. Samlingen voksede og der blev bygget til, blandt andet museets Dronningesal og Kejserindesal, men efterhånden blev samlingen så omfattende, at Carl og Ottilia Jacobsen besluttede at skænke den til offentligheden, og den blev så fra december 1896 gradvis overflyttet til det nybyggede Glyptoteket. Men det lille første glyptotek her på Carlsberg blev stående, og i 1916 indviede man så det nuværende Carlsberg Museum. Her kikker vi ind i et af de museumsrum, der er mindre kendt – den såkaldte Mellemsal, der skaffer adgang fra privatboligen til museet. Den er fra 1886.

De smukke møbler stammer fra Carl Jacobsens hjem. Gulvet er terrazzo, som var helt nyt på den tid og blev regnet for finere.

TEATRE

DET KGL. TEATER, KONGENS NYTORV

Det kongelige Teater, Den gamle Scene, Kgs. Nytorv. Det nuværende teaterhus, Gamle Scene, er fra 1874 og er tegnet af Vilhelm Dahlerup og Ove Petersen. Det nye teaterhus skulle afløse det gamle og lille. Så det, vi kender i dag, blev lagt ved siden af det gamle, der lå hvor Holmens Kanal i dag løber, mellem Det kgl. Teater og Magasins store varehus. Teatret skulle, som alle andre europæiske teatre fra samme tid, være overdådigt og skulle imponere. Igen et af byens store udstyrsstykker med paneler og guld til overflod, og ingen tvivl: et herligt rum, som heldigvis for nylig er sat i stand. Her ser vi det kendte fortæppe Akropolistæppet med inskriptionen »Ei blot til lyst« over scenen – og til venstre har vi kongelogen. Se, hvor nyistandsat det hele er.

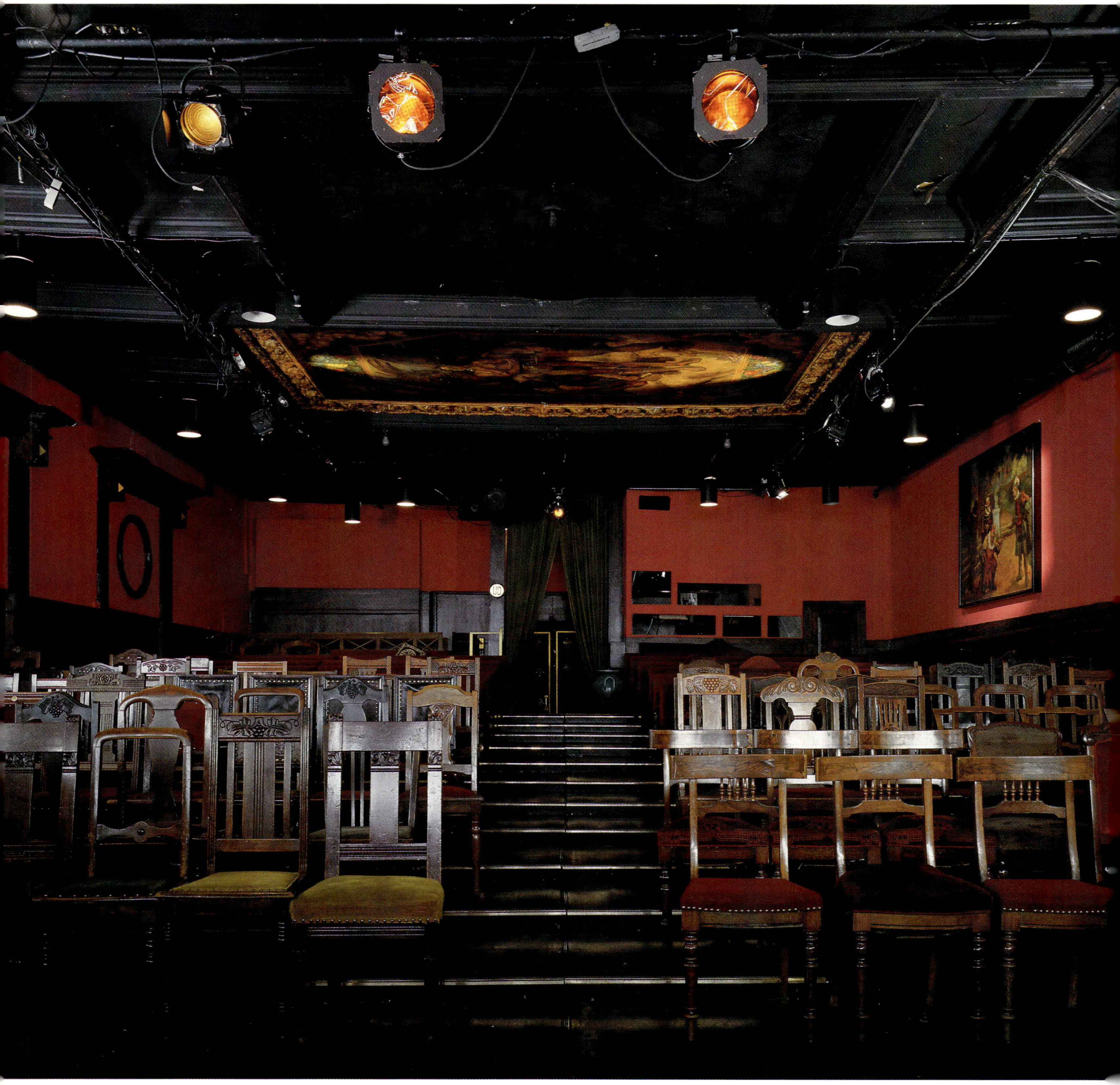

RIDDERSALEN, ALLÉGADE

Riddersalen, Allégade 7-9 på Frederiksberg holder til i etablissementet Lorry (Guldaldersalen, side 48, og Storm P.-toilettet, side 12). Riddersalen åbnede som litterær varieté i 1913. I 1926 blev teatret serveringsteater. I 1930'erne var scenen avantgardeteater under ledelse af Per Knutzon med hustruen Lulu Ziegler som en af hovedkræfterne. I samme årti var også Sam Besekow og Erling Schroeder teaterledere. Før da var det bl.a. Arne Weel, Ludvig Brandstrup og Lorry Feilberg.

Fra 1962 til 1970 var teatret værtshus. Men i 1970 overtog den utrættelige og forrygende Jytte Abildstrøm Riddersalen og skabte her blandt mange andre den berømte forestilling »Svend, Knud og Valdemar«.

Dette usædvanlige og festlige teater må *ikke* gå tabt, nu da det igen er truet.

GRAND TEATRET, MIKKEL BRYGGERSGADE

Grand Teatret, Mikkel Bryggersgade 8 ligger i virkeligheden i bagbygningen til det store Palace Hotel ud til Rådhuspladsen. Byggeriet er fra 1907-10, tegnet af Anton Rosen, og regnes for et af hans hovedværker. Oprindelig blev der indrettet koncertsal, hvor der i dag er biograf, men ret hurtigt lavede man om og indrettede en stor biografsal, det er den vi ser her. Loftet er bevaret, men meget andet er ændret. Dog er helhedsindtrykket af ro og forventning bevaret. I dag har Grand Teatret en del små, nye scener foruden denne store gamle. Store lærreder er der ikke mange tilbage af i København, og slet ikke store uspolerede biografteaterrum, som dette.

STATIONSBYGNINGER

LYGTEN STATION, LYGTEN

Lygten Station ligger på hjørnet af Nørrebrogade og Lygten. Den lille fine stationsbygning stod færdig i 1906 og havde samme arkitekt som Østerport Station og Hovedbanegården, Heinrich Wenck. (Hovedbanen er opført omtrent samtidig – mellem 1904 og 1911.) Formålet med Lygten Station var at etablere en endestation for Slangerupforbindelsen. Men den private jernbaneforbindelse er for længst nedlagt, og nu fungerer den gamle stationsbygning som vognekspedition for godsbanen. Lygten Station og dermed forhallen her blev gennemgribende renoveret i 1983-84. Både inde og ude er den sat smukt i stand.

ØSTERPORT STATION, OSLO PLADS

Østerport Station blev indviet i 1897. Østerport skulle være endestation for kystbanen og for et lille sidespor til Frihavnen. Ligesom genboen, Den Frie, var Østerport Station tænkt som en midlertidig bygning. Men den blev stående, og tak for det. Den er en af byens fineste. Arkitekten var Heinrich Wenck. Først 20 år efter indvielsen blev der skabt jernbaneforbindelse mellem Østerport Station og Hovedbanegården. Når man indendørs i stationsbygningen vil se tilbage og opleve velbevaret fortid, skal man ikke kikke ned eller lige ud: men *op*. Billedet viser hvorfor. Lysekronerne stammer fra Hovedbanegården. I øvrigt skulle hele herligheden rives ned for nogle år siden, men en behjertet DSB-arkitekt reddede stationen.

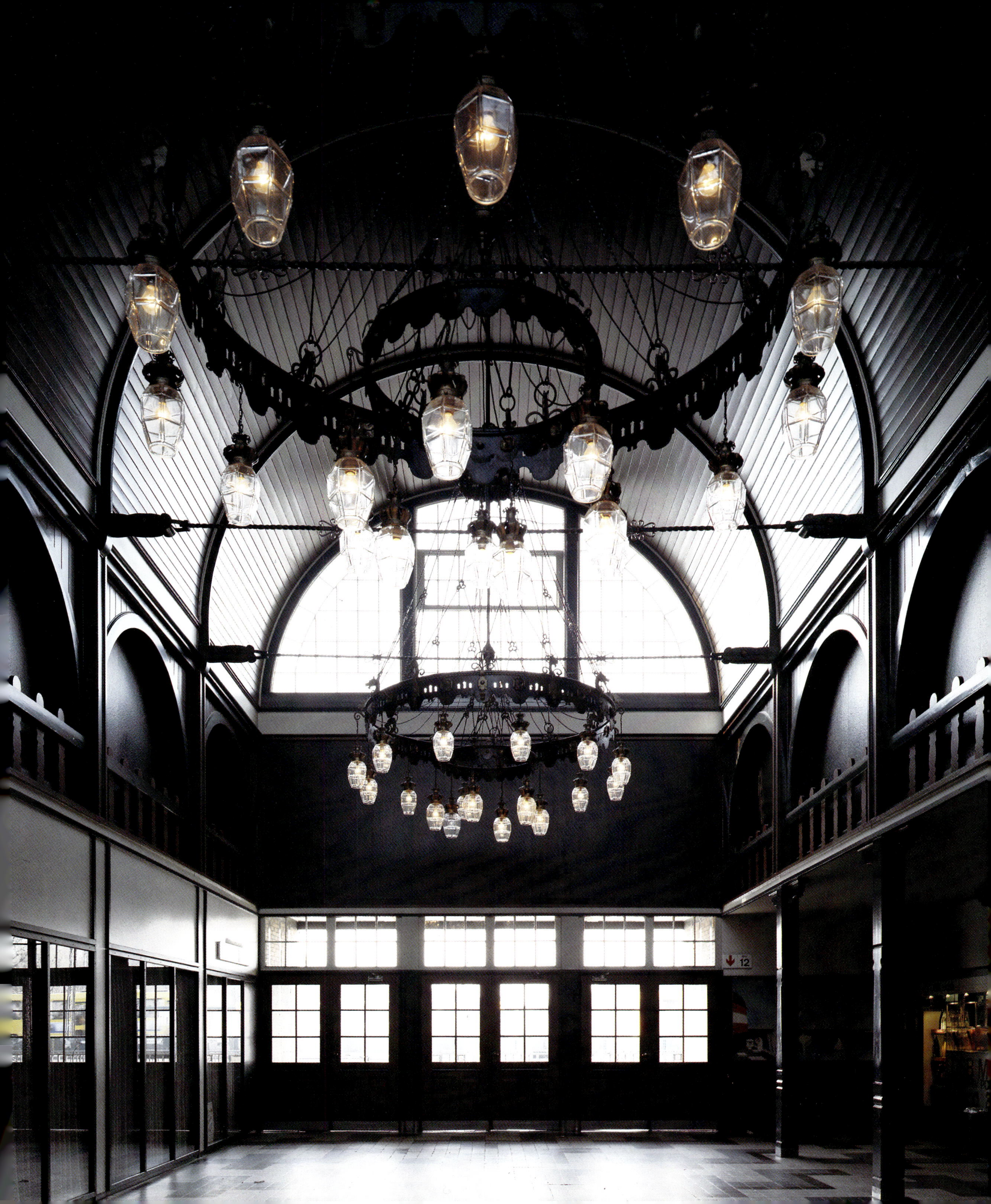
12

NØRREBRO STATION, BREGNERØDGADE

Nørrebro Station på hjørnet af Nørrebrogade og Bregnerødgade minder mindst af alt om genboen Lygten Station. Den er 24 år yngre og bestemt ikke fra arkitekt Wencks hånd. I stedet er det funktionalismen, der nu begynder at gøre sig gældende. Denne gang – i 1930 – er det overarkitekt K.T. Seest, der tegner station og gør det i elegante, enkle og lidt koldere linjer, og resultatet blev bestemt ikke modtaget med udelt begejstring. Men stationsbygningen er faktisk ganske flot, som den højbane, den er. Endnu har den ikke fået helt samme kærlige renoveringsbehandling som Lygten, men der er heldigvis ved at ske noget. Selv om man ikke skal med Frederiksberglinjen, så er Nørrebro Station bestemt værd at bevæge sig ind i for at se på funktionalisme. De grønne fliser er skønne.

SVØMMEHALLER

FREDERIKSBERG SVØMMEHAL, HELGESVEJ

Frederiksberg Svømmehal, Helgesvej 29 er flot anlagt midt for Aksel Møllers Have. Svømmehallen blev indviet i 1934. Det er Frederiksberg kommunes svømmehal, tegnet af afdelingsarkitekt A.S. Lauritsen. Og den er jo meget i familie med den på Østerbro (side 112). På Frederiksberg er specielt maleren Vilh. Lundstrøms pragtfulde mosaikker fra 1936 værd at hæfte sig ved. Lundstrøm har dekoreret både den store og den lille svømmehal, her kikker vi ind i den lille. Frederiksberg Svømmehal er meget fint holdt, noget af det mest rene og propre, man kan opsøge i hele Københavnsområdet.

ØSTERBRO SVØMMEHAL, STAUNINGS PLADS

Østerbro Svømmehal, Øbrohallen, Staunings Plads, er en del af idrætsanlægget ved Idrætsparken. Igen er indvielsesåret 1930. Arkitekterne er den tids meget gode og flittige makkerpar Arthur Wittmaack og V. Hvalsøe. Det store, flotte hus indeholder svømmehal med tilskuerpladser og en badeanstalt. Den sidste er i dag endnu forholdsvis uspoleret, svømmehallen har visse steder set bedre ud. Men forhallen er fin endnu. Det er 1930, det er lige før det kunne være Berlin. Men indgangsdøren skal flyttes op, hvor billetsalget ligger nu. Man må bede til, når der nu *skal* ændres ved huset, at de så gør det nænsomt og respektfuldt. Bygningen fortjener det. Mest fortjener den, at man ikke piller ved den.

MARMORBADET, FREDERIKSBERG SLOT

Frederiksberg Slot, Roskildevej. Opførelsen af Frederiksberg Slot begyndte i 1699; bygherre var Frederik den Fjerde. Siden 1869 har slottet været Hærens Officerskole. Rummet vi her skal hæfte os ved er Marmorbadet, som Struensee i 1770 lod arkitekt C.F. Harsdorff indrette til Christian den Syvende. I kælderen, i et af slottets hjørner, lå et konditori, næsten direkte under slotskirken. Her blev badet indrettet, og i øvrigt kun anvendt i ca. 10 år.

Det lille bad er ca. 1 meter dybt, knap 3 meter langt og knap halvanden meter bredt. Over badet hænger en fornem spejlbaldakin. Vandet kom fra store kobberkedler gennem lange rør, men kedlerne blev solgt under statsbankerotten.

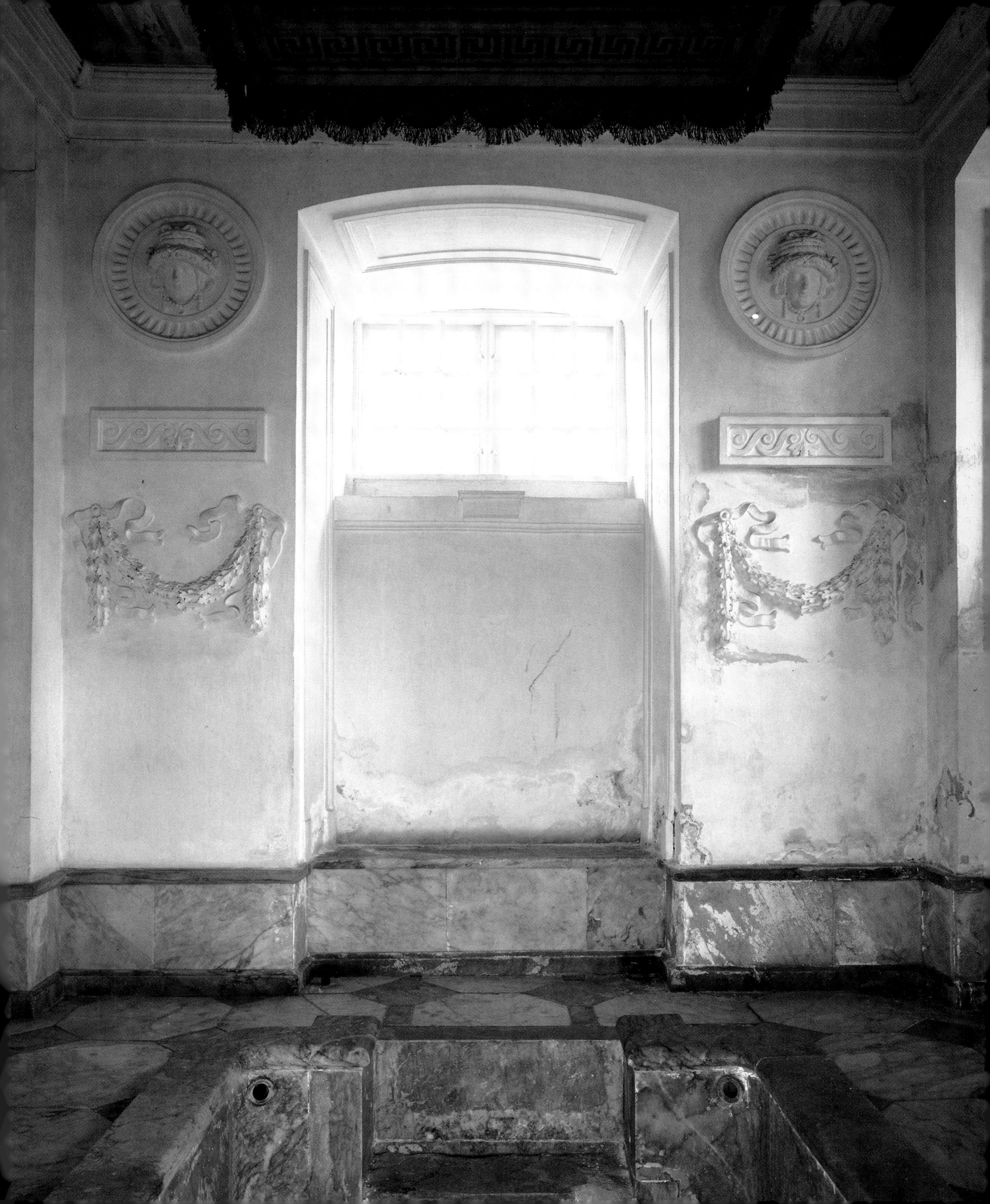

VÆKSTHUSE

BOTANISK HAVE, ØSTER FARIMAGSGADE

Botanisk Have, Københavns Universitet, Øster Farimagsgade 2 B. I alle de tre væksthuse, vi her skal se, skal vi sige Øl, for det er de gavmilde bryggere Jacobsen fra Carlsberg, der er kommet med pengene, her og i de to næste tilfælde. Væksthuset her – også kaldet Palmehuset – er fra 1874, tegnet af arkitekt P.C. Bønecke. Men brygger J.C. Jacobsen havde selv afgørende indflydelse på husets udformning. Det er uden diskussion et pragtfuldt bygningsanlæg. Gå derind en kold vinterdag – og gå med sikkerhed ud en halv time senere – varmere og gladere. Igen en perle i København. I 1980-82 fik Palmehuset en tiltrængt totalrenovering, forestået af Eva og Nils Koppel, og de mange store planter overlevede, som det ses. Her er vi øverst oppe i midterrummet – og kigger ud mod det ene af de små elegante glastårne.

GLYPTOTEKET, DANTES PLADS

Ny Carlsberg Glyptotek, Dantes Plads, er som navnet siger, igen Carlsberg, altså anden gang i dette afsnit. Som fortalt om Carlsberg Museum (se side 104) skænkede Carl og Ottilia Jacobsen deres kunstværker til offentligheden i 1888, og derfor blev det nye Glyptotek opført, som nabo til Tivoli og genbo til det næsten samtidige Videnskabernes Selskab. Det var mellem 1892 og 1897.

Arkitekt var Vilhelm Dahlerup. Senere blev Glyptoteket væsentligt udvidet. Her var arkitekten Hack Kampmann (der senere tegnede den nærliggende Politigården og privatboligen til Carl Jacobsen ved Carlsberg), men det var Vilhelm Dahlerup, der tegnede mellem- og forbindelsesbygningen med den store kuppel, den vi ser her, Vinterhaven. Det er et vidunderligt lyst rum. Der er knap 30 meter til loftet – kuplens diameter er godt 15 meter. Den er konstrueret af glas og jern.

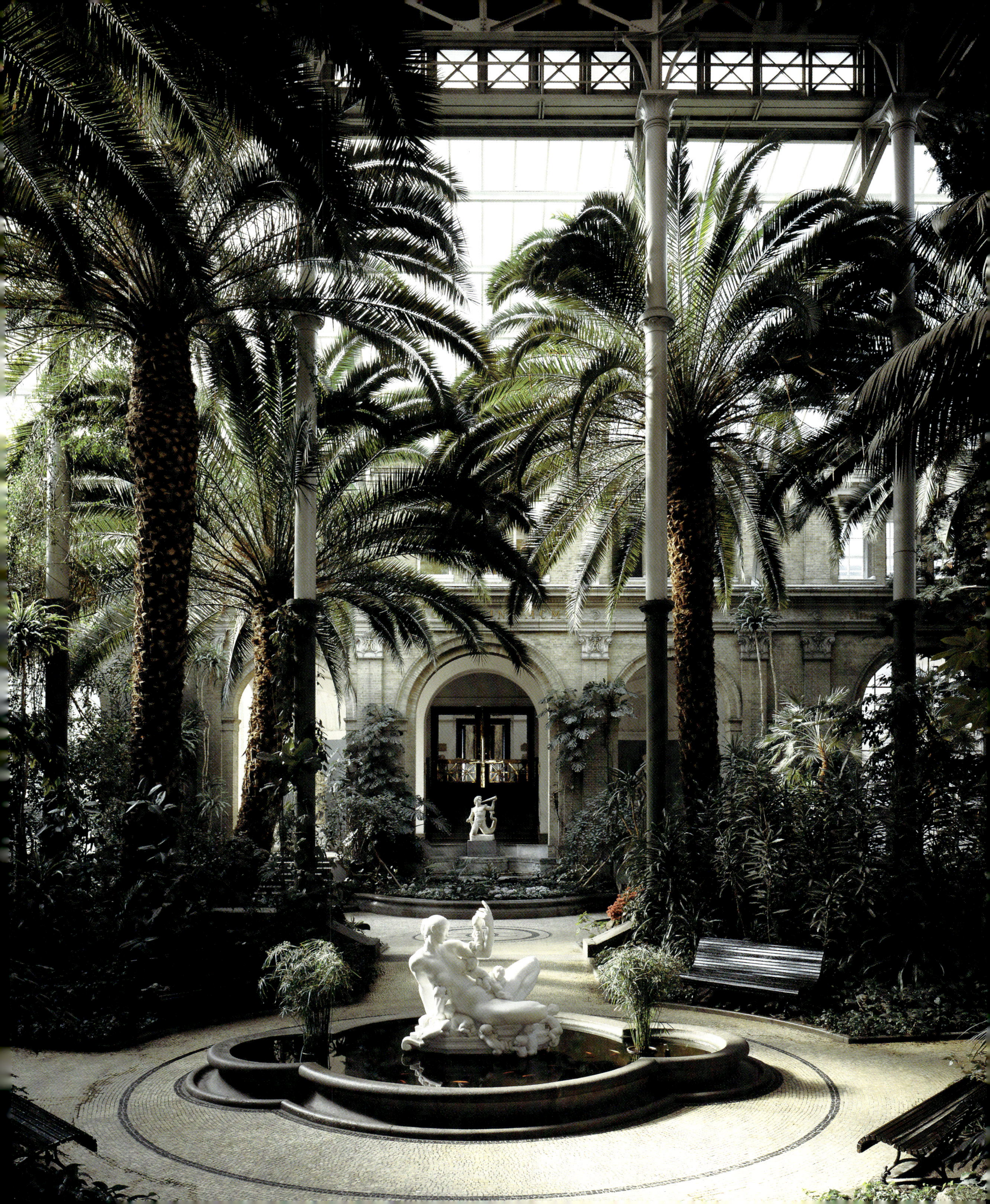

CARLSBERGS ÆRESBOLIG, CARLSBERG

Carlsbergs Æresbolig – og tidligere hovedbygning – fik 2 år efter Botanisk Have, i 1876, sin egen søjlehal. Det var brygger J.C. Jacobsen der lod søjlehallen i græsk stil opføre i tilslutning til sin egen privatbolig. Pompeii-rummet er ikke et egentligt væksthus – og dog. Tidligere var der føjet en smuk vinterhave, et egentligt væksthus til huset. Siden 1919 har brygger J.C. Jacobsens hus været æresbolig for fremtrædende danske videnskabsmænd, mest kendt er nok beboeren Niels Bohr. Huset er selvsagt lukket for offentligheden. Men har man tålmodighed, så er der ved hvert beboerskift lejlighed til at komme ind og se huset. Se bare en søjlehal med et af motiverne fra det originale Pompeii kopieret i det smukke mosaikgulv (»Pas på hunden«). I øvrigt kender næsten alle søjlehallen fra banestrækningen mellem Valby og Enghave Station.

TOILETTER

HERRETOILETTET, AMAGERTORV

København har heldigvis endnu enkelte toiletbygninger, der er sluppet for den grove moderniseringsdille. Toiletterne, de underjordiske på Amagertorv, midt på Strøget, er nogle af dem. Her er vi på herretoilettet, der er fra 1906. Rummet er stort set uforandret, de tunge trædøre og trævæggen ind til opsynsmandens »bur« er bevaret, som de så ud fra starten. Helhedsindtrykket er altså fint. Dametoilettet er mindre – men lige så godt bevaret. Københavns kommune har stået for opførelsen – og vedligeholdelsen. For københavnere, der ikke kender disse underjordiske herligheder: prøv at smutte neden under Strøget.

DAMETOILETTET, NYHAVN

De underjordiske toiletter i Nyhavn op til Kongens Nytorv er fra 1906, og de er i princippet indrettet ligesom dem på Amagertorv. Men dørene på dametoiletterne – i Nyhavn på Charlottenborg-siden – er specielt fine; det er store, tunge, massive trædøre. Også her er både dame- og herretoilettet i princippet uforandret, og det fortjener Københavns kommunes tekniske forvaltning ros for. Igen: har man fået sig en bajer i Nyhavn, så venter der en æstetisk oplevelse under jorden.

KUNSTINDUSTRIMUSEET, BREDGADE

Kunstindustrimuseet, Bredgade 68, er indrettet i det gamle Frederiks Hospital – en firelænget bygning omkring en grønnegård. »Det Kongelige Frederiks Hospital« blev projekteret af kvarterets store planlægger Nicolai Eigtved, men han døde i 1754, 3 år før hospitalet stod færdigt, og arbejdet blev fuldført af arkitekten Laurids de Thurah.

I 1919 blev hele herligheden så skænket til Kunstindustrimuseet. Mellem 1921 og 26 gennemførte de to arkitekter Ivar Bentsen og Kaare Klint, i øvrigt svogre, en gennemgribende ombygning af lokalerne til de nye formål. Bl.a. indrettede de også nye toiletter i huset. Det er et af dem, vi her kikker ind i: herretoilettet på 1. sal. Stort set intet er forandret her. Godt, gedigent bygningshåndværk fra først i 20'erne, i al sin enkelhed et smukt rum.

EN SØRGELIG HISTORIE

KØBMANDEN, ØSTERBROGADE

5. juni 1989 drejede købmand Hilfred Jensen, Østerbrogade 84 nøglen om for sidste gang. Forretningen har eksisteret siden 1869 med Hilfred Jensen som indehaver fra 1956. Da manuskriptet til denne bog blev redigeret og skrevet, var Østerbrogade-købmanden med. Men pludselig skulle forretningen lukke. Og derfor er den placeret her, som et af de sørgelige eksempler på, at det kan være umuligt at redde en fin, gammel butik. Hilfred Jensen måtte selv stoppe på grund af sygdom, men hans to ansatte vil gerne fortsætte. De kunne bare ikke få lov. Ejeren af lokalerne ville ikke lade forretningen overleve. Og Fredningskontoret under Planstyrelsen kunne intet gøre. Så i stedet er al inventaret nu købt op af rige amerikanere og har for længst forladt Danmark. Hvor ærgerligt. Forretningens hylder, disk og skrivepult var fra 1869. Kasseapparatet var fra 1897, og kaffemøllen var fra 1927. Den butik burde have været reddet og have haft mulighed for at leve videre som en levende, velfungerende, fredet butik. Omsætningen var god nok, på 4 millioner kr. om året. Men fredningsmyndighedernes muligheder, deres værktøj, er for dårligt. Derfor forsvinder umistelige skatte som denne her smukke butik. Til ingen verdens nytte. Eftertiden vil ikke rose os for det.

ÆGTE OPORTO OG MADEIRA

TEILMANN'S VINE

EFTERSKRIFT

Det er jo umiddelbart let nok at sige: Pas nu godt på det her, vi netop har mødt. Alle rum har indlysende værdier.

Og i flere tilfælde er der heller ingen umiddelbar fare for, at der vil ske overgreb. Flere huse og dermed deres rum er fredet.

Men hvad med de små, lidt mere ydmyge butikker? Perchs Thehandel skal nok overleve, den er allerede historisk berømt både ude og hjemme. Hvad med den lille købmandsforretning i Trekronergade – eller Snohrs lille fine Kaffe- og Vinhandel på Vesterbrogade? Hvad bliver der af dem, når de ældre indehavere ikke kan eller vil mere? Hvem overtager dem så?

Det er et af de interessante og relevante spørgsmål netop nu.

Selvfølgelig skal de ikke være levende museer alle sammen. Og selvfølgelig kan vi ikke bare forvente, at nye generationer ser en fremtid i at føre de små butikker videre på samme manér. Men hvad så? Skal vi så bare stiltiende se til – som det trods protester blev tilfældet med Østerbrogade 84 – at de sidste af de fine, gamle, små forretninger forsvinder? Jeg vil nødig bare skulle sige: ja.

Flere må stå sammen om, at svaret bliver et andet, et nej.

Skiftet i tidsånden, det lille spinkle skift, man aner så småt rundt omkring, kunne måske blive hjælpen her. Lad os i hvert fald håbe.

Peter Olesen

A.C. Perchs Thehandel, Kronprinsensgade 5.